Das große farbige

Wilhelm BUSCH Album

Wilhelm Busch Selbstbildnis 1873

Das große farbige

Wilhelm BUSCH Album

mit über 1.600
farbigen Illustrationen

Bassermann

Inhaltsverzeichnis

ISBN 978-3-8094-2169-6

Umschlaggestaltung: Atelier Versen, Bad Aibling
Druck: Neografia, Martin
Printed in Slovakia

104690197X817 2635 4453

Max und Moritz

Eine Bubengeschichte in sieben Streichen

Vorwort

Ach was muß man oft von bösen
Kindern hören oder lesen!
Wie zum Beispiel hier von diesen,

Welche Max und Moritz hießen.
Die, anstatt durch weise Lehren
Sich zum Guten zu bekehren,
Oftmals noch darüber lachten
Und sich heimlich lustig machten. –
– Ja, zur Übeltätigkeit,
Ja, dazu ist man bereit!
– Menschen necken, Tiere quälen,
Äpfel, Birnen, Zwetschen stehlen –
Das ist freilich angenehmer
Und dazu auch viel bequemer,
Als in Kirche oder Schule
Festzusitzen auf dem Stuhle. –
– Aber wehe, wehe, wehe,
Wenn ich auf das Ende sehe!! –
Ach, das war ein schlimmes Ding,
Wie es Max und Moritz ging.
– Drum ist hier, was sie getrieben,
Abgemalt und aufgeschrieben.

Erster Streich

Mancher gibt sich viele Müh
Mit dem lieben Federvieh:
Einesteils der Eier wegen,
Welche diese Vögel legen,
Zweitens, weil man dann und wann
Einen Braten essen kann;
Drittens aber nimmt man auch
Ihre Federn zum Gebrauch
In die Kissen und die Pfühle,
Denn man liegt nicht gerne kühle.–

Seht, da ist die Witwe Bolte,
Die das auch nicht gerne wollte.

Ihrer Hühner waren drei
Und ein stolzer Hahn dabei. –
Max und Moritz dachten nun:
Was ist hier jetzt wohl zu tun? –
– Ganz geschwinde, eins, zwei, drei,
Schneiden sie sich Brot entzwei;
In vier Teile, jedes Stück
Wie ein kleiner Finger dick.
Diese binden sie an Fäden,
Übers Kreuz, ein Stück an jeden,

Und verlegen sie genau
In den Hof der guten Frau. –

Kaum hat dies der Hahn gesehen,
Fängt er auch schon an zu krähen:
Kikeriki, kikikerikih!!
Tak, tak, tak, da kommen sie!

Hahn und Hühner schlucken munter
Jedes ein Stück Brot hinunter;

Aber als sie sich besinnen,
Konnte keines recht von hinnen.

In die Kreuz und in die Quer
Reißen sie sich hin und her,

Flattern auf und in die Höh,
Ach herrje, herrjemine!

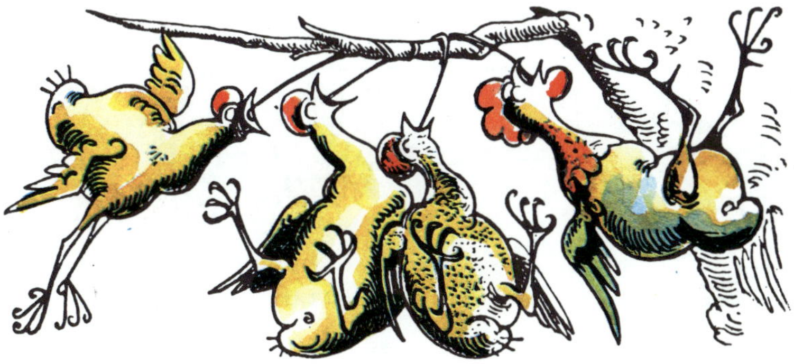

Ach, sie bleiben an dem langen,
Dürren Ast des Baumes hangen. –
– Und ihr Hals wird lang und länger,
Ihr Gesang wird bang und bänger.

Jedes legt noch schnell ein Ei,
Und dann kommt der Tod herbei. –

Witwe Bolte in der Kammer
Hört im Bette diesen Jammer;

Ahnungsvoll tritt sie heraus:
Ach was war das für ein Graus!

Tiefbetrübt und sorgenschwer
Kriegt sie jetzt das Messer her,
Nimmt die Toten von den Strängen,
Daß sie so nicht länger hängen,

„Fließet aus dem Aug, ihr Tränen!
All mein Hoffen, all mein Sehnen,
Meines Lebens schönster Traum
Hängt an diesem Apfelbaum!"

Und mit stummem Trauerblick
Kehrt sie in ihr Haus zurück.

Dieses war der erste Streich,
Doch der zweite folgt sogleich.

Zweiter Streich

Als die gute Witwe Bolte
Sich von ihrem Schmerz erholte,
Dachte sie so hin und her,
Daß es wohl das beste wär,
Die Verstorbnen, die hienieden
Schon so frühe abgeschieden,
Ganz im stillen und in Ehren
Gut gebraten zu verzehren. –
– Freilich war die Trauer groß,
Als sie nun so nackt und bloß
Abgerupft am Herde lagen,
Sie, die einst in schönen Tagen
Bald im Hofe, bald im Garten
Lebensfroh im Sande scharrten. –

Ach, Frau Bolte weint aufs neu,
Und der Spitz steht auch dabei.
Max und Moritz rochen dieses:
„Schnell aufs Dach gekrochen!“ hieß es.

Durch den Schornstein mit Vergnügen
Sehen sie die Hühner liegen,
Die schon ohne Kopf und Gurgeln
Lieblich in der Pfanne schmurgeln.

Eben geht mit einem Teller
Witwe Bolte in den Keller,

Daß sie von dem Sauerkohle
Eine Portion sich hole,

Wofür sie besonders schwärmt,
Wenn er wieder aufgewärmt. –
– Unterdessen auf dem Dache
Ist man tätig bei der Sache.
Max hat schon mit Vorbedacht
Eine Angel mitgebracht.

Schnupdiwup, da wird nach oben
Schon ein Huhn heraufgehoben!
Schnupdiwup, jetzt Numro zwei!
Schnupdiwup, jetzt Numro drei!
Und jetzt kommt noch Numro vier:
Schnupdiwup, dich haben wir!
Zwar der Spitz sah es genau
Und er bellt: Rawau, rawau!

Aber schon sind sie ganz munter
Fort und von dem Dach herunter.
Na, das wird Spektakel geben,
Denn Frau Bolte kommt soeben;
Angewurzelt stand sie da,
Als sie nach der Pfanne sah.

Alle Hühner waren fort,
„Spitz!" – das war ihr erstes Wort.

„O du Spitz, du Ungetüm!
Aber wart, ich komme ihm!"

Mit dem Löffel groß und schwer
Geht es über Spitzen her;
Laut ertönt sein Wehgeschrei,
Denn er fühlt sich schuldenfrei.

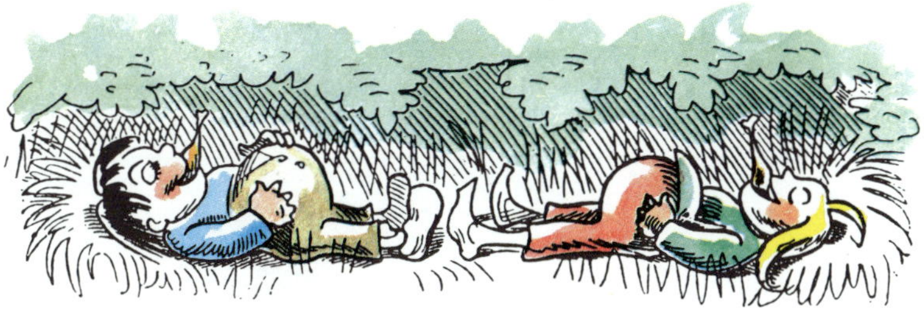

Max und Moritz im Verstecke
Schnarchen aber an der Hecke.
Und vom ganzen Hühnerschmaus
Guckt nur noch ein Bein heraus.

Dieses war der zweite Streich,
Doch der dritte folgt sogleich.

Dritter Streich

Jedermann im Dorfe kannte
Einen, der sich Böck benannte.

Alltagsröcke, Sonntagsröcke,
Lange Hosen, spitze Fräcke,
Westen mit bequemen Taschen,
Warme Mäntel und Gamaschen –
Alle diese Kleidungssachen
Wußte Schneider Böck zu machen. –
Oder wäre was zu flicken,
Abzuschneiden, anzustücken,
Oder gar ein Knopf der Hose
Abgerissen oder lose –
Wie und wo und was es sei,
Hinten, vorne, einerlei –
Alles macht der Meister Böck,
Denn das ist sein Lebenszweck. –
Drum so hat in der Gemeinde
Jedermann ihn gern zum Freunde. –
– Aber Max und Moritz dachten,
Wie sie ihn verdrießlich machten.

Nämlich vor des Meisters Hause
Floß ein Wasser mit Gebrause.

Übers Wasser führt ein Steg
Und darüber geht der Weg.

Max und Moritz, gar nicht träge,
Sägen heimlich mit der Säge –
Ritzeratze! – voller Tücke
In die Brücke eine Lücke.

Als nun diese Tat vorbei,
Hört man plötzlich ein Geschrei:

„He, heraus, du Ziegenböck!
Schneider, Schneider, meck, meck, meck!" –
– Alles konnte Böck ertragen,
Ohne nur ein Wort zu sagen;
Aber wenn er dies erfuhr,
Ging's ihm wider die Natur.

Schnelle springt er mit der Elle
Über seines Hauses Schwelle,

Denn schon wieder ihm zum Schreck
Tönt ein lautes: „Meck, meck, meck!“

Und schon ist er auf der Brücke.
Kracks, die Brücke bricht in Stücke!

Wieder tönt es: „Meck, meck, meck!“
Plumps, da ist der Schneider weg!

Grad als dieses vorgekommen,
Kommt ein Gänsepaar geschwommen,

Welches Böck in Todeshast
Krampfhaft bei den Beinen faßt.

Beide Gänse in der Hand,
Flattert er auf trocknes Land.

Übrigens bei alledem
Ist so etwas nicht bequem!

Wie denn Böck von der Geschichte
Auch das Magendrücken kriegte.

Hoch ist hier Frau Böck zu preisen!
Denn ein heißes Bügeleisen,
Auf den kalten Leib gebracht,

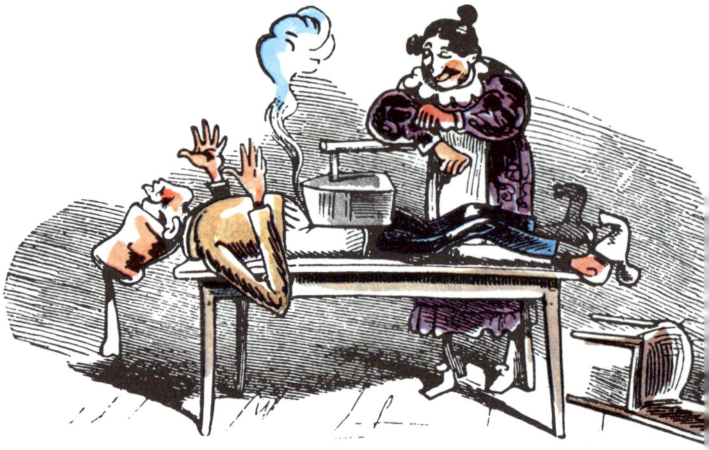

Hat es wiedergutgemacht.
Bald im Dorf hinauf, hinunter
Hieß es: Böck ist wieder munter.

Dieses war der dritte Streich,
Doch der vierte folgt sogleich.

Vierter Streich

Also lautet ein Beschluß:
Daß der Mensch was lernen muß. –
Nicht allein das Abc
Bringt den Menschen in die Höh;
Nicht allein im Schreiben, Lesen
Übt sich ein vernünftig Wesen;
Nicht allein in Rechnungssachen
Soll der Mensch sich Mühe machen;
Sondern auch der Weisheit Lehren
Muß man mit Vergnügen hören.

Daß dies mit Verstand geschah,
War Herr Lehrer Lämpel da. –
Max und Moritz, diese beiden,
Mochten ihn darum nicht leiden;
Denn wer böse Streiche macht,
Gibt nicht auf den Lehrer acht.
Nun war dieser brave Lehrer
Von dem Tobak ein Verehrer,
Was man ohne alle Frage
Nach des Tages Müh und Plage
Einem guten, alten Mann
Auch von Herzen gönnen kann. –
Max und Moritz, unverdrossen,
Sinnen aber schon auf Possen,
Ob vermittelst seiner Pfeifen
Dieser Mann nicht anzugreifen. –
Einstens, als es Sonntag wieder
Und Herr Lämpel brav und bieder

In der Kirche mit Gefühle
Saß vor seinem Orgelspiele,
Schlichen sich die bösen Buben
In sein Haus und seine Stuben,
Wo die Meerschaumpfeife stand;
Max hält sie in seiner Hand;

Aber Moritz aus der Tasche
Zieht die Flintenpulverflasche,
Und geschwinde – stopf, stopf, stopf! –
Pulver in den Pfeifenkopf.
Jetzt nur still und schnell nach Haus,
Denn schon ist die Kirche aus! –

Eben schließt in sanfter Ruh
Lämpel seine Kirche zu;

Und mit Buch und Notenheften,
Nach besorgten Amtsgeschäften,

Lenkt er freudig seine Schritte
Zu der heimatlichen Hütte,

Und voll Dankbarkeit sodann
Zündet er sein Pfeifchen an.

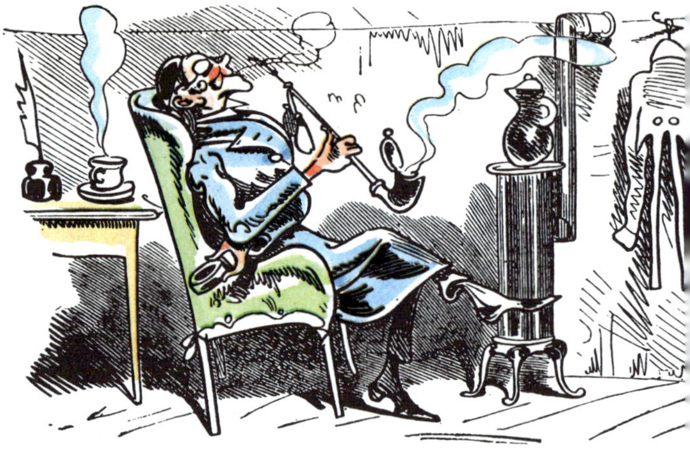

„Ach!" spricht er, „die größte Freud'
Ist doch die Zufriedenheit!"

Rums, da geht die Pfeife los
Mit Getöse, schrecklich groß!
Kaffeetopf und Wasserglas,
Tabaksdose, Tintenfaß,
Ofen, Tisch und Sorgensitz –
Alles fliegt im Pulverblitz.

Als der Dampf sich nun erhob,
Sieht man Lämpel, der – gottlob! –
Lebend auf dem Rücken liegt;
Doch er hat was abgekriegt.

Nase, Hand, Gesicht und Ohren
Sind so schwarz als wie die Mohren,
Und des Haares letzter Schopf
Ist verbrannt bis auf den Kopf.

Wer soll nun die Kinder lehren
Und die Wissenschaft vermehren?
Wer soll nun für Lämpel leiten
Seine Amtestätigkeiten?
Woraus soll der Lehrer rauchen,
Wenn die Pfeife nicht zu brauchen?

Mit der Zeit wird alles heil,
Nur die Pfeife hat ihr Teil.

Dieses war der vierte Streich,
Doch der fünfte folgt sogleich.

Fünfter Streich

Wer in Dorfe oder Stadt
Einen Onkel wohnen hat,
Der sei höflich und bescheiden;
Denn das mag der Onkel leiden.
Morgens sagt man: „Guten Morgen!
Haben Sie was zu besorgen?“
Bringt ihm, was er haben muß:
Zeitung, Pfeife, Fidibus.
Oder sollt es wo im Rücken
Drücken, beißen oder zwicken,
Gleich ist man mit Freudigkeit
Dienstbeflissen und bereit.
Oder sei's nach einer Prise,
Daß der Onkel heftig niese,
Ruft man: „Prosit!“ allsogleich. –
„Danke!“ – „Wohl bekomm es Euch!“
Oder kommt er spät nach Haus,
Zieht man ihm die Stiefel aus,
Holt Pantoffel, Schlafrock, Mütze,
Daß er nicht im Kalten sitze.
Kurz, man ist darauf bedacht,
Was dem Onkel Freude macht. –
Max und Moritz ihrerseits
Fanden darin keinen Reiz. –
Denkt euch nur, welch schlechten Witz
Machten sie mit Onkel Fritz!

Jeder weiß, was so ein Mai-
Käfer für ein Vogel sei.

In den Bäumen hin und her
Fliegt und kriecht und krabbelt er.

Max und Moritz, immer munter,
Schütteln sie vom Baum herunter.

In die Tüte von Papiere
Sperren sie die Krabbeltiere.

Fort damit und in die Ecke
Unter Onkel Fritzens Decke!

Bald zu Bett geht Onkel Fritze
In der spitzen Zipfelmütze;

Seine Augen macht er zu,
Hüllt sich ein und schläft in Ruh.

Doch die Käfer – kritze, kratze! –
Kommen schnell aus der Matratze.

Schon faßt einer, der voran,
Onkel Fritzens Nase an.

„Bau!" schreit er, „was ist das hier?"
Und erfaßt das Ungetier.

Und den Onkel voller Grausen
Sieht man aus dem Bette sausen.

„Autsch!“ – schon wieder hat er einen
Im Genicke, an den Beinen;

Hin und her und rundherum
Kriecht es, fliegt es mit Gebrumm.

Onkel Fritz, in dieser Not,
Haut und trampelt alles tot.

Guckste wohl, jetzt ist's vorbei
Mit der Käferkrabbelei!

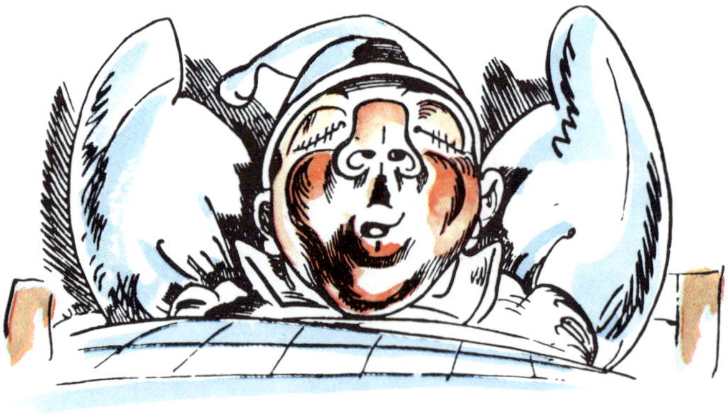

Onkel Fritz hat wieder Ruh
Und macht seine Augen zu.

Dieses war der fünfte Streich,
Doch der sechste folgt sogleich.

Sechster Streich

In der schönen Osterzeit,
Wenn die frommen Bäckersleut
Viele süße Zuckersachen
Backen und zurechtemachen,
Wünschten Max und Moritz auch
Sich so etwas zum Gebrauch.

Doch der Bäcker, mit Bedacht,
Hat das Backhaus zugemacht.

Also, will hier einer stehlen,
Muß er durch den Schlot sich quälen.

Ratsch! da kommen die zwei Knaben
Durch den Schornstein, schwarz wie Raben.

Puff! sie fallen in die Kist,
Wo das Mehl darinnen ist!

Da! nun sind sie alle beide
Rundherum so weiß wie Kreide.

Aber schon mit viel Vergnügen
Sehen sie die Brezeln liegen.

Knacks! da bricht der Stuhl entzwei;

Schwapp! da liegen sie im Brei.

Ganz von Kuchenteig umhüllt,
Stehn sie da als Jammerbild. –

Gleich erscheint der Meister Bäcker
Und bemerkt die Zuckerlecker.

Eins, zwei, drei, eh man's gedacht,
Sind zwei Brote draus gemacht!

In dem Ofen glüht es noch –
Ruff! damit ins Ofenloch!

Ruff! man zieht sie aus der Glut;
Denn nun sind sie braun und gut! –

Jeder denkt: die sind perdü!
Aber nein – noch leben sie.

Knusper, knasper! wie zwei Mäuse
Fressen sie durch das Gehäuse;

Und der Meister Bäcker schrie:
„Ach herrje, da laufen sie!"

Dieses war der sechste Streich,
Doch der letzte folgt sogleich.

Letzter Streich

Max und Moritz, wehe euch!
Jetzt kommt euer letzter Streich!

Wozu müssen auch die beiden
Löcher in die Säcke schneiden?

Seht, da trägt der Bauer Mecke
Einen seiner Maltersäcke.

Aber kaum, daß er von hinnen,
Fängt das Korn schon an zu rinnen.

Und verwundert steht und spricht er:
„Zapperment! dat Ding werd lichter!"

Hei! da sieht er voller Freude
Max und Moritz im Getreide.

Rabs! in seinen großen Sack
Schaufelt er das Lumpenpack.

Max und Moritz wird es schwüle;
Denn nun geht es nach der Mühle. –

„Meister Müller, he, heran!
Mahl Er das, so schnell Er kann!"

„Her damit!" und in den Trichter
Schüttelt er die Bösewichter. –

Rickeracke! rickeracke!
Geht die Mühle mit Geknacke.

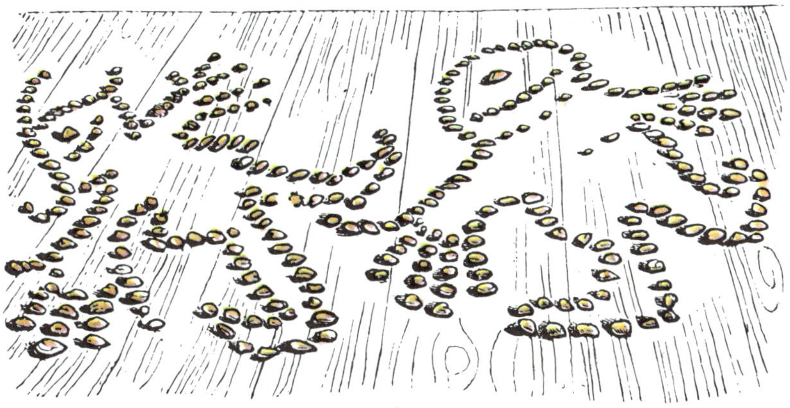

Hier kann man sie noch erblicken
Fein geschroten und in Stücken.

Doch sogleich verzehret sie

Meister Müllers Federvieh.

Schluß

Als man dies im Dorf erfuhr,
War von Trauer keine Spur.
Witwe Bolte, mild und weich,
Sprach: „Sieh da, ich dacht' es gleich!"
„Jajaja!" rief Meister Böck,
„Bosheit ist kein Lebenszweck!"

Drauf so sprach Herr Lehrer Lämpel:
„Dies ist wieder ein Exempel!"
„Freilich", meint' der Zuckerbäcker,
„Warum ist der Mensch so lecker!"
Selbst der gute Onkel Fritze
Sprach: „Das kommt von dumme Witze!"

Doch der brave Bauersmann
Dachte: „Wat geiht meck dat an!"
Kurz, im ganzen Ort herum
Ging ein freudiges Gebrumm:
„Gott sei Dank! Nun ist's vorbei
Mit der Übeltäterei!!"

Hans Huckebein
der Unglücksrabe

Hier sieht man Fritz, den muntern Knaben,
Nebst Huckebein, dem jungen Raben.

Und dieser Fritz, wie alle Knaben,
Will einen Raben gerne haben.

Schon rutscht er auf dem Ast daher,
Der Vogel, der mißtraut ihm sehr.

Schlapp! macht der Fritz von seiner Kappe
Mit Listen eine Vogelklappe.

Beinahe hätt' er ihn! Doch ach!
Der Ast zerbricht mit einem Krach.

In schwarzen Beeren sitzt der Fritze,
Der schwarze Vogel in der Mütze.

Der Knabe Fritz ist schwarz betupft;
Der Rabe ist in Angst und hupft.

Der schwarze Vogel ist gefangen,
Er bleibt im Unterfutter hangen.

„Jetzt hab' ich dich, Hans Huckebein!
Wie wird sich Tante Lotte freu'n!“

Die Tante kommt aus ihrer Tür;
„Ei!“ – spricht sie – „welch' ein gutes Tier!“

Kaum ist das Wort dem Mund entfloh'n,
Schnapp! hat er ihren Finger schon.

„Ach!“ – ruft sie – „er ist doch nicht gut!
Weil er mir was zu Leide tut!!“

Hier lauert in des Topfes Höhle
Hans Huckebein, die schwarze Seele.

Den Knochen, den er Spitz gestohlen,
Will dieser jetzt sich wieder holen.

Sie zieh'n mit Knurren und Gekrächz,
Der eine links, der andre rechts.

Schon denkt der Spitz, daß er gewinnt,
Da zwickt der Rabe ihn von hint'.

O weh! Er springt auf Spitzens Nacken,
Um ihm die Haare auszuzwacken.

Der Spitz, der ärgert sich bereits,
Und rupft den Raben seinerseits.

Derweil springt mit dem Schinkenbein
Der Kater in den Topf hinein.

Da sitzen sie und schau'n und schau'n. –
Dem Kater ist nicht sehr zu trau'n.

Der Kater hackt den Spitz, der schreit,
Der Rabe ist voll Freudigkeit.

Schnell faßt er, weil der Topf nicht ganz,
Mit schlauer List den Katerschwanz.

Es rollt der Topf. Es krümmt voll Quale
Des Katers Schweif sich zur Spirale.

Und Spitz und Kater flieh'n im Lauf. –
Der größte Lump bleibt obenauf!! –

Nichts Schön'res gab's für Tante Lotte,
Als schwarze Heidelbeerkompotte.

Doch Huckebein verschleudert nur
Die schöne Gabe der Natur.

Die Tante naht voll Zorn und Schrecken;
Hans Huckebein verläßt das Becken.

Und schnell betritt er, angstbeflügelt,
Die Wäsche, welche frisch gebügelt.

O weh! Er kommt ins Tellerbord;
Die Teller rollen rasselnd fort.

Auch fällt der Korb, worin die Eier –
O jemine! – und sind so teuer!

Patsch! fällt der Krug. Das gute Bier
Ergießt sich in die Stiefel hier.

Und auf der Tante linken Fuß
Stürzt sich des Eimers Wasserguß.

Sie hält die Gabel in der Hand,
Und auch der Fritz kommt angerannt.

Perdums! da liegen sie. – Dem Fritze
Dringt durch das Ohr die Gabelspitze.

Dies wird des Raben Ende sein –
So denkt man wohl – doch leider nein!

Denn – schnupp! – Der Tante Nase faßt er;
Und nochmals triumphiert das Laster!

Jetzt aber naht sich das Malheur,
Denn dies Getränke ist Likör.

Es duftet süß. – Hans Huckebein
Taucht seinen Schnabel froh hinein.

Und läßt mit stillvergnügtem Sinnen
Den ersten Schluck hinunterrinnen.

Nicht übel! – Und er taucht schon wieder
Den Schnabel in die Tiefe nieder.

Er hebt das Glas und schlürft den Rest,
Weil er nicht gern was übrig läßt.

Ei, ei! Ihm wird so wunderlich,
So leicht und doch absunderlich.

Er krächzt mit freudigem Getön
Und muß auf einem Beine stehn.

Der Vogel, welcher sonsten fleucht,
Wird hier zu einem Tier, was kreucht.

Und Übermut kommt zum Beschluß,
Der alles ruinieren muß.

Er zerrt voll roher Lust und Tücke
Der Tante künstliches Gestricke.

Der Tisch ist glatt – der Böse taumelt –
Das Ende naht, – sieh da! er baumelt!

„Die Bosheit war sein Hauptpläsier,
Drum" – spricht die Tante – „hängt er hier!!"

Die
Fromme Helene

Erstes Kapitel

Lenchen kommt aufs Land

Wie der Wind in Trauerweiden
Tönt des frommen Sängers Lied,
Wenn er auf die Lasterfreuden
In den großen Städten sieht.

Ach, die sittenlose Presse!
Tut sie nicht in früher Stund
All die sündlichen Exzesse
Schon den Bürgersleuten kund?!

Offenbach ist im Thalia,
Hier sind Bälle, da Konzerts.
Annchen, Hannchen und Maria
Hüpft vor Freuden schon das Herz.

Kaum trank man die letzte Tasse,
Putzt man schon den ird'schen Leib.
Auf dem Walle, auf der Gasse
Wimmelt man zum Zeitvertreib.

Wie sie schauen, wie sie grüßen!
Hier die zierlichen Mosjös,
Dort die Damen mit den süßen,
Himmlisch hohen Prachtpopös.

Und der Jud mit krummer Ferse,
Krummer Nas' und krummer Hos'
Schlängelt sich zur hohen Börse
Tiefverderbt und seelenlos.

Schweigen will ich von Lokalen,
Wo der Böse nächtlich praßt,
Wo im Kreis der Liberalen
Man den Heil'gen Vater haßt.

Schweigen will ich von Konzerten,
Wo der Kenner hoch entzückt
Mit dem seelenvoll-verklärten
Opernglase um sich blickt,

Wo mit weichem Wogebusen
Man schön warm beisammen sitzt,
Wo der hehre Chor der Musen,
Wo Apollo selber schwitzt.

Schweigen will ich vom Theater,
Wie von da, des Abends spät,
Schöne Mutter, alter Vater
Arm in Arm nach Hause geht.

Zwar man zeuget viele Kinder,
Doch man denket nichts dabei.
Und die Kinder werden Sünder,
Wenn's den Eltern einerlei.

„Komm Helenchen!" sprach der brave
Vormund – „Komm, mein liebes Kind!
Komm aufs Land, wo sanfte Schafe
Und die frommen Lämmer sind.

Da ist Onkel, da ist Tante,
Da ist Tugend und Verstand,
Da sind deine Anverwandte!"

So kam Lenchen auf das Land.

Zweites Kapitel

Des Onkels Nachthemd

„Helene!" – sprach der Onkel Nolte –
„Was ich schon immer sagen wollte!
Ich warne dich als Mensch und Christ:

Oh, hüte dich vor allem Bösen:
Es macht Pläsier, wenn man es ist,
Es macht Verdruß, wenn man's gewesen!"

„Ja leider!" – sprach die milde Tante –
„So ging es vielen, die ich kannte!
Drum soll ein Kind die weisen Lehren
Der alten Leute hochverehren!
Die haben alles hinter sich
Und sind, gottlob! recht tugendlich!

Nun gute Nacht! es ist schon späte!
Und, gutes Lenchen, bete! bete!"

Helene geht. – Und mit Vergnügen
Sieht sie des Onkels Nachthemd liegen.

Die Nadel her, so schnell es geht!
Und Hals und Ärmel zugenäht!!

Darauf begibt sie sich zur Ruh
Und deckt sich warm und fröhlich zu.

Bald kommt der Onkel auch herein
Und scheint bereits recht müd zu sein.

Erst nimmt er seine Schlummerprise,
Denn er ist sehr gewöhnt an diese.

Und nun vertauscht er mit Bedacht
Das Hemd des Tags mit dem der Nacht.

Doch geht's nicht so, wie er wohl möcht,
Denn die Geschichte will nicht recht.

„Potztausend, das ist wunderlich!"
Der Onkel Nolte ärgert sich.

Er ärgert sich, doch hilft es nicht.
Ja siehste wohl! Da liegt das Licht!

Rack! – stößt er an den Tisch der Nacht,
Was einen großen Lärm gemacht.

Stets größer wird der Ärger nur,
Es fällt die Dose und die Uhr.

Hier kommt die Tante mit dem Licht.
Der Onkel hat schon Luft gekriegt.

„O sündenvolle Kreatur!
Dich mein ich dort – Ja, schnarche nur!“

Helene denkt: Dies will ich nun
Auch ganz gewiß nicht wieder tun.

Drittes Kapitel

Vetter Franz

Helenchen wächst und wird gescheit

Und trägt bereits ein langes Kleid. –
„Na, Lene! hast du's schon vernommen?
Der Vetter Franz ist angekommen."
So sprach die Tante früh um achte,
Indem sie grade Kaffee machte.
„Und hörst du, sei fein hübsch manierlich
Und zeige dich nicht ungebührlich,
Und sitz' bei Tische nicht so krumm
Und gaffe nicht so viel herum.
Und ganz besonders muß ich bitten:
Das Grüne, was so ausgeschnitten –
Du ziehst mir nicht das Grüne an,
Weil ich's nun mal nicht leiden kann."

„Ei!" – denkt Helene – „Schläft er noch?"
Und schaut auch schon durchs Schlüsselloch.

Der Franz, ermüdet von der Reise,
Liegt tief versteckt im Bettgehäuse.

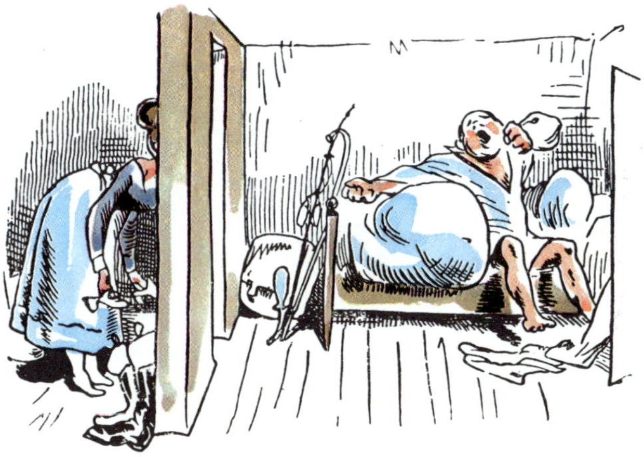

„Ah, ja, jam!" – so gähnt er eben –
„Es wird wohl Zeit, sich zu erheben

Und sich allmählich zu bequemen,
Die Morgenwäsche vorzunehmen."

Zum ersten: ist es mal so schicklich,

Zum zweiten: ist es sehr erquicklich,

Zum dritten: ist man sehr bestaubt

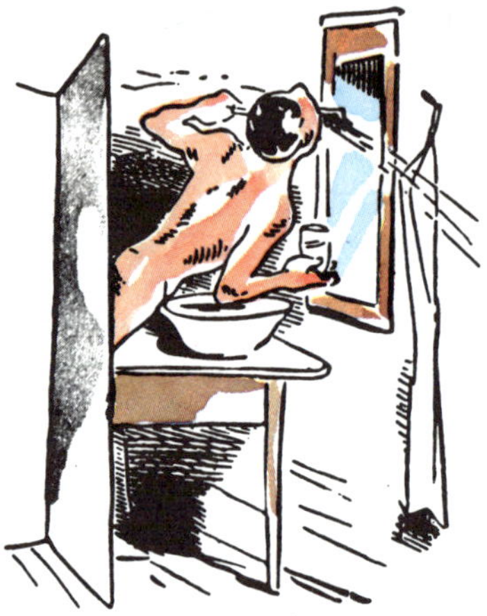

Und viertens: soll man's überhaupt,

Denn fünftens: ziert es das Gesicht

Und schließlich: schaden tut's mal nicht.

Wie fröhlich ist der Wandersmann,
Zieht er das reine Hemd sich an.

Und neugestärkt und friedlich-heiter
Bekleidet er sich emsig weiter.

Und erntet endlich stillerfreut

Die Früchte seiner Reinlichkeit.

Jetzt steckt der Franz die Pfeife an,
Helene eilt, so schnell sie kann.

Plemm!! – stößt sie an die alte Brause,
Die oben steht im Treppenhause.

Sie kommt auf Hannchen hergerollt,
Die Franzens Stiefel holen wollt.

Die Lene rutscht, es rutscht die Hanne;
Die Tante trägt die Kaffeekanne.

Da geht es klirr! und klipp! und klapp!
Und auch der Onkel kriegt was ab.

Viertes Kapitel

Der Frosch

Der Franz, ein Schüler hochgelehrt,
Macht sich gar bald beliebt und wert.

So hat er einstens in der Nacht
Beifolgendes Gedicht gemacht:

Als ich so von ungefähr
Durch den Wald spazierte,
Kam ein bunter Vogel, der
Pfiff und quinquillierte.
Was der bunte Vogel pfiff,
Fühle und begreif' ich:
Liebe ist der Inbegriff,
Auf das andre pfeif' ich.

Er schenkt's Helenen, die darob
Gar hocherfreut und voller Lob.

Und Franz war wirklich angenehm,
Teils dieserhalb, teils außerdem.

Wenn in der Küche oder Kammer
Ein Nagel fehlt – Franz holt den Hammer!

Wenn man den Kellerraum betritt,
Wo's öd und dunkel – Franz geht mit!

Wenn man nach dem Gemüse sah
In Feld und Garten – Franz ist da! –

Oft ist z. B. an den Stangen
Die Bohne schwierig zu erlangen.

Franz aber faßt die Leiter an,
Daß Lenchen ja nicht fallen kann.

Und ist sie dann da oben fertig -
Franz ist zur Hilfe gegenwärtig.

Kurzum! Es sei nun, was es sei –
Der Vetter Franz ist gern dabei.

Indessen ganz insonderheit
Ist er voll Scherz und Lustbarkeit.

Schau, schau! Da schlupft und hupft im Grün
Ein Frosch herum! – Gleich hat er ihn!

Und setzt ihn heimlich nackt und bloß
In Nolten seine Tabaksdos'.

Wie nun der sanfte Onkel Nolte
Sich eine Prise schöpfen wollte –

Hucks da! Mit einem Satze saß
Der Frosch an Nolten seiner Nas'.

Platsch! springt er in die Tasse gar,
Worin noch schöner Kaffee war.

Schlupp! sitzt er in der Butterbemme
Ein kleines Weilchen in der Klemme.

Putsch!! – Ach, der Todesschreck ist groß!
Er hupft in Tante ihren Schoß.

Der Onkel ruft und zieht die Schelle:
„He, Hannchen, Hannchen, komme schnelle!"

Und Hannchen ohne Furcht und Bangen
Entfernt das Scheusal mit der Zangen.

Nun kehrt die Tante auch zum Glück
Ins selbstbewußte Sein zurück.

Wie hat Helene da gelacht,
Als Vetter Franz den Scherz gemacht!

Eins aber war von ihm nicht schön:
Man sah ihn oft bei Hannchen stehn!
Doch jeder Jüngling hat wohl mal
'n Hang fürs Küchenpersonal,
Und sündhaft ist der Mensch im ganzen!
Wie betet Lenchen da für Franzen!!

Nur einer war, der heimlich grollte:
Das ist der ahnungsvolle Nolte.
Natürlich tut er dieses bloß
In Anbetracht der Tabaksdos'.
Er war auch wirklich voller Freud,
Als nun vorbei die Ferienzeit
Und Franz mit Schrecken wiederum
Zurück muß aufs Gymnasium.

Fünftes Kapitel

Der Liebesbrief

„Und wenn er sich auch ärgern sollte,
Was schert mich dieser Onkel Nolte!"

So denkt Helene, leider Gotts!
Und schreibt dem Onkel grad zum Trotz:

„Geliebter Franz!
Du weißt es ja, dein bin ich ganz!

Wie reizend schön war doch die Zeit,
Wie himmlisch war das Herz erfreut,

Als in den Schnabelbohnen drin
Der Jemand eine Jemandin,

Ich darf wohl sagen: herzlich küßte. –
Ach Gott, wenn das die Tante wüßte!

Und ach! wie ist es hierzuland
Doch jetzt so schrecklich anigant!

Der Onkel ist, gottlob! recht dumm,

Die Tante nöckert so herum,
Und beide sind so furchtbar fromm;
Wenn's irgend möglich, Franz, so komm
Und trockne meiner Sehnsucht Träne!
10000 Küsse von
Helene."

Jetzt Siegellack! – Doch weh! Alsbald

Ruft Onkel Nolte donnernd: halt!

Und an Helenens Nase stracks
Klebt das erhitzte Siegelwachs.

Sechstes Kapitel

Eine unruhige Nacht

In der Kammer, still und donkel,
Schläft die Tante bei dem Onkel.

Mit der Angelschnur versehen
Naht sich Lenchen auf den Zehen.

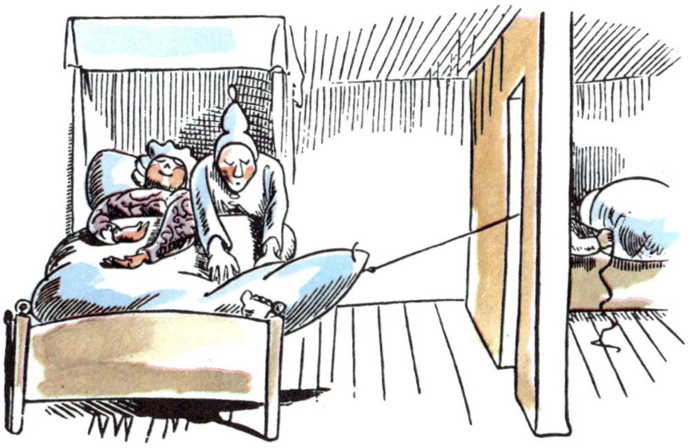

Zupp! – Schon lüftet sich die Decke
Zu des Onkels großem Schrecke.

Zupp! – Jetzt spürt die Tante auch
An dem Fuß den kalten Hauch.

„Nolte!“ ruft sie – „Lasse das,
Denn das ist ein dummer Spaß!“

Und mit Murren und Gebrumm
Kehrt man beiderseits sich um.

Schnupp! – Da liegt man gänzlich bloß
Und die Zornigkeit wird groß;

Und der Schlüsselbund erklirrt,
Bis der Onkel flüchtig wird.

Autsch! Wie tut der Fuß so weh!
An der Angel sitzt die Zeh.

Lene hört nicht auf zu zupfen,
Onkel Nolte, der muß hupfen.

Lene hält die Türe zu
Oh, du böse Lene du!

Stille wird es nach und nach,
Friede herrscht im Schlafgemach.

Am Morgen aber ward es klar,
Was nachts im Rat beschlossen war.
Kalt, ernst und dumpf sprach Onkel Nolte:
„Helene, was ich sagen wollte: –"

„Ach!" – rief sie – „Ach! Ich will es nun
Auch ganz gewiß nicht wieder tun!"

„Es ist zu spät! – drum stantepeh
Pack deine Sachen! – So! – Ade!"

Siebentes Kapitel

Interimistische Zerstreuung

Ratsam ist und bleibt es immer
Für ein junges Frauenzimmer,
Einen Mann sich zu erwählen
Und womöglich zu vermählen.
Erstens: will es so der Brauch.
Zweitens: will mans selber auch.
Drittens: man bedarf der Leitung
Und der männlichen Begleitung;
Weil bekanntlich manche Sachen,
Welche große Freude machen,
Mädchen nicht allein verstehn;
Als da ist: ins Wirtshaus gehn. –

Freilich oft, wenn man auch möchte,
Findet sich nicht gleich der Rechte;
Und derweil man so allein,
Sucht man sonst sich zu zerstreun.

Lene hat zu diesem Zwecke
Zwei Kanari in der Hecke,

Welche Niep und Piep genannt.
Zierlich fraßen aus der Hand
Diese goldig netten Mätzchen;

Aber Mienzi hieß das Kätzchen.

Einstens kam auch auf Besuch
Kater Munzel, frech und klug.

Alsobald so ist man einig. –
Fest entschlossen, still und schleunig

Ziehen sie voll Mörderdrang
Niep und Piep die Hälse lang.

Drauf so schreiten sie ganz heiter
Zu dem Kaffeetische weiter. –
Mienzi mit dem sanften Tätzchen
Nimmt die guten Zuckerplätzchen.

Aber Munzels dicker Kopf
Quält sich in den Sahnetopf.

Grad kommt Lene, welche drüben
Eben einen Brief geschrieben,
Mit dem Licht und Siegellack
Und bemerkt das Lumpenpack.

Mienzi kann noch schnell enteilen,
Aber Munzel muß verweilen;

Denn es sitzt an Munzels Kopf
Festgeschmiegt der Sahnetopf.

Blindlings stürzt er sich zur Erd'.
Klacks – Der Topf ist nichts mehr wert.

Aufs Büfett geht es jetzunder;
Flaschen, Gläser – alles runter!

Sehr in Ängsten sieht man ihn
Aufwärts sausen am Kamin.

Ach! – Die Venus ist perdü –
Klickeradoms! – von Medici!

Weh! Mit einem Satze ist er
Vom Kamine an dem Lüster;

Und da geht es Klingelingelings!
Unten liegt das teure Dings.

Schnell sucht Munzel zu entrinnen,
Doch er kann nicht mehr von hinnen. –

Wehe, Munzel! – Lene kriegt
Tute, Siegellack und Licht.

Dann das Lack, nachdem's erhitzt,
Auf die Tute, bis sie sitzt.

Allererst tut man die Tute
An des Schweifs behaarte Rute;

Drauf hält man das Licht daran,
Daß die Tute brennen kann.

Jetzt läßt man den Munzel los –
Mau! – Wie ist die Hitze groß!

Achtes Kapitel

Der Heiratsentschluß

Wenn's einer davon haben kann,
So bleibt er gerne dann und wann
Des Morgens, wenn das Wetter kühle,
Noch etwas liegen auf dem Pfühle
Und denkt sich so in seinem Sinn:
Na, dämmre noch 'n bissel hin!
Und denkt so hin und denkt so her,
Wie dies wohl wär, wenn das nicht wär. –
Und schließlich wird es ihm zu dumm. –
Er wendet sich nach vorne um,
Kreucht von der warmen Lagerstätte
Und geht an seine Toilette.

Die Propertät ist sehr zu schätzen,
Doch kann sie manches nicht ersetzen. –

Der Mensch wird schließlich mangelhaft.

Die Locke wird hinweggerafft. –

Mehr ist hier schon die Kunst zu loben,

Denn Schönheit wird durch Kunst gehoben. –

Allein auch dieses, auf die Dauer,
Fällt doch dem Menschen schließlich sauer. –

„Es sei!" – sprach Lene heute früh –
„Ich nehme Schmöck und Kompanie!"

G. J. C. Schmöck, schon längst bereit,
Ist dieserhalb gar hoch erfreut.
Und als der Frühling kam ins Land,
Ward Lene Madam Schmöck genannt.

Neuntes Kapitel

Die Hochzeitsreise

's war Heidelberg, das sich erwählten
Als Freudenort die Neuvermählten. –

Wie lieblich wandelt man zu zwei'n
Das Schloß hinauf im Sonnenschein.

„Ach, sieh nur mal, geliebter Schorsch,
Hier diese Trümmer alt und morsch!"

„Ja!" – sprach er – „Aber diese Hitze!
Und fühle nur mal, wie ich schwitze!"

Ruinen machen vielen Spaß. –
Auch sieht man gern das große Faß.

Und – alle Ehrfurcht! – muß ich sagen.

Alsbald, so sitzt man froh im Wagen

Und sieht das Panorama schnelle
Vorüberziehn bis zum Hotelle;

Denn Spargel, Schinken, Koteletts
Sind doch mitunter auch was Netts.

„Pist! Kellner! Stell'n Sie eine kalt!
Und Kellner! aber möglichst bald!"

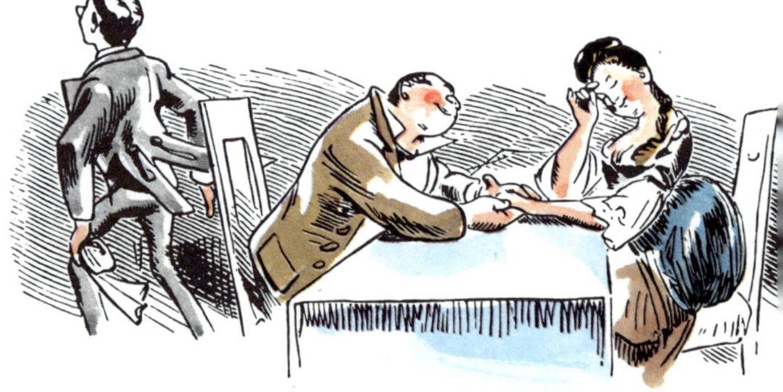

Der Kellner hört des Fremden Wort.
Es saust der Frack. Schon eilt er fort.

Wie lieb und luftig perlt die Blase
Der Witwe Klicko in dem Glase. –

Gelobt seist du vieltausendmal!
Helene blättert im Journal.

„Pist! Kellner! Noch einmal so eine!" –
– Helenen ihre Uhr ist neune. –

Der Kellner hört des Fremden Wort.
Es saust der Frack. Schon eilt er fort.

Wie lieb und luftig perlt die Blase
Der Witwe Klicko in dem Glase.

„Pist Kellner! Noch so was von den!" –
– Helenen ihre Uhr ist zehn. –

Schon eilt der Kellner emsig fort –
Helene spricht ein ernstes Wort. –

Der Kellner leuchtet auf der Stiegen.
Der fremde Herr ist voll Vergnügen.

Pitsch! – Siehe da! Er löscht das Licht.

Plumps! liegt er da und rührt sich nicht.

Zehntes Kapitel

Löbliche Tätigkeit

Viele Madams, die ohne Sorgen,
In Sicherheit und wohlgeborgen,
Die denken: Pah! Es hat noch Zeit! –
Und bleiben ohne Frömmigkeit. –

Wie lobenswert ist da Helene!
Helene denkt nicht so wie jene. –
Nein, nein: sie wandelt oft und gerne
Zur Kirche hin, obschon sie ferne.

Und Jean mit demutsvollem Blick,
Drei Schritte hinterwärts zurück,
Das Buch der Lieder in der Hand,
Folgt seiner Herrin unverwandt.

Doch ist Helene nicht allein
Nur auf sich selbst bedacht. – O nein! –
Ein guter Mensch gibt gerne acht,
Ob auch der andre was Böses macht;
Und strebt durch häufige Belehrung
Nach seiner Bess'rung und Bekehrung.

„Schang!" –sprach sie einstens – „Deine Taschen
Sind oft so dick! Schang! Tust du naschen?

Ja, siehst du wohl! Ich dacht es gleich!
O Schang! Denk an das Himmelreich!"

Dies Wort drang ihm in die Natur,
So daß er schleunigst Bess'rung schwur.

Doch nicht durch Worte nur allein
Soll man den andern nützlich sein. –
Helene strickt die guten Jacken,
Die so erquicklich für den Nacken;
Denn draußen wehen rauhe Winde. –
Sie fertigt auch die warme Binde;
Denn diese ist für kalte Mägen
Zur Winterszeit ein wahrer Segen. –
Sie pflegt mit herzlichem Pläsier
Sogar den fränk'schen Offizier,
Der noch mit mehren dieses Jahr
Im Deutschen Reiche seßhaft war. –
Besonders aber tat ihr leid
Der armen Leute Bedürftigkeit. –
Und da der Arzt mit Ernst geraten,
Den Leib mit warmem Wein zu baden,

So tut sie's auch.

Oh, wie erfreut
Ist nun die Schar der armen Leut',

Die, sich recht innerlich zu laben,
Doch auch mal etwas Warmes haben.

Elftes Kapitel

Geistlicher Rat

Viel Freude macht, wie männiglich bekannt,
Für Mann und Weib der heilige Ehestand!
Und lieblich ist es für den Frommen,
Der die Genehmigung dazu bekommen,
Wenn er sodann nach der üblichen Frist
Glücklicher Vater und Mutter ist. –
– Doch manchmal ärgert man sich bloß,
Denn die Ehe bleibt kinderlos. –
– Dieses erfuhr nach einiger Zeit
Helene mit großer Traurigkeit. –

Nun wohnte allda ein frommer Mann,
Bei St. Peter dicht nebenan,
Von Frau'n und Jungfrau'n weit und breit
Hochgepriesen ob seiner Gelehrsamkeit. –
(Jetzt war er freilich schon etwas kränklich.)

O meine Tochter! – sprach er bedenklich –
Dieses ist ein schwierig' Kapitel;
Da helfen allein die geistlichen Mittel!
Drum, meine Beste, ist dies mein Rat:
Schreite hinauf den steilen Pfad
Und folge der seligen Pilgerspur
Gen Chosemont de bon secours,
Denn dorten, berühmt seit alter Zeit,
Stehet die Wiege der Fruchtbarkeit.
Und wer allda sich hinverfügt,
Und wer allda die Wiege gewiegt,
Der spürete bald nach selbigter Fahrt,
Daß die Geschichte anders ward.

Solches hat noch vor etzlichen Jahren
Leider Gotts! eine fromme Jungfer erfahren,
Welche, indem sie bis dato in diesen
Dingen nicht sattsam unterwiesen,
Aus Unbedacht und kindlichem Vergnügen
Die Wiege hat angefangen zu wiegen. –
Und ob sie schon nur ein wenig gewiegt,
Hat sie dennoch ein ganz kleines Kind gekriegt. –

Auch kam ein frecher Pilgersmann,
Der rühret aus Vorwitz die Wiegen an.
Darauf nach etwa etzlichen Wochen,
Nachdem er dieses verübt und verbrochen,
Und – – Doch, meine Liebe, genug für heute!
Ich höre, daß es zur Metten läute.
Addio! Und – Trost sei Dir beschieden!
Zeuge hin in Frieden!

Zwölftes Kapitel

Die Wallfahrt

Hoch von gnadenreicher Stelle
Winkt die Schenke und Kapelle. –

Aus dem Tale zu der Höhe,
In dem seligen Gedränge
Andachtsvoller Christenmenge
Fühlt man froh des andern Nähe;
Denn hervor aus Herz und Munde,
Aus der Seele tiefstem Grunde
Haucht sich warm und innig an
Pilgerin und Pilgersmann. –

Hier vor allen, schuhbestaubt,
Warm ums Herze, warm ums Haupt,
Oft erprobt in ernster Kraft,
Schreitet die Erzgebruderschaft. –

Itzo kommt die Jungferngilde,
Auf den Lippen Harmonie,
In dem Busen Engelsmilde,
In der Hand das Paraplü. –
O wie lieblich tönt der Chor! –
Bruder Jochen betet vor. –

Aber dort im Sonnenscheine
Geht Helene traurig-heiter,
Sozusagen, ganz alleine,

Denn ihr einziger Begleiter,
Stillverklärt im Sonnenglanz,
Ist der gute Vetter Franz,
Den seit kurzem die Bekannten
Nur den „heil'gen" Franz benannten. –
Traulich wallen sie zu zweit
Als zwei fromme Pilgersleut.

Gott sei Dank, jetzt ist man oben!
Und mit Preisen und mit Loben
Und mit Eifer und Bedacht
Wird das Nötige vollbracht.

Freudig eilt man nun zur Schenke,
Freudig greift man zum Getränke,
Welches schon seit langer Zeit
In des Klosters Einsamkeit
Ernstbesonnen, stillvertraut,
Bruder Jakob öfters braut.

Hiebei schau'n sich innig an
Pilgerin und Pilgersmann.

Endlich nach des Tages Schwüle
Naht die sanfte Abendkühle.

In dem gold'nen Mondenscheine
Geht Helene froh und heiter,
Sozusagen, ganz alleine,
Denn ihr einziger Begleiter,
Stillverklärt im Mondesglanz,
Ist der heil'ge Vetter Franz.
Traulich zieh'n sie heim zu zweit.
Als zwei gute Pilgersleut.

Doch die Erzgebruderschaft
Nebst den Jungfern tugendhaft,
Die sich etwas sehr verspätet,
Kommen jetzt erst angebetet.
O wie lieblich tönt der Chor!
Bruder Jochen betet vor.

Schau, da kommt von ungefähr
Eine Droschke noch daher. –

Er, der diese Droschke fuhr,
Frech und ruchlos von Natur,
Heimlich denkend: papperlapp!
Tuet seinen Hut nicht ab. –

Weh! Schon schau'n ihn grollend an
Pilgerin und Pilgersmann. –

Zwar der Kutscher sucht mit Klappen
Anzuspornen seinen Rappen,
Aber Jochen schiebt die lange
Jungfernbundesfahnenstange
Durch die Hinterräder quer –

Schrupp! – und 's Fuhrwerk geht nicht mehr. –

Bei den Beinen, bei dem Rocke
Zieht man ihn von seinem Bocke;

Jungfer Nanni mit der Krücke
Stößt ihn häufig ins Genicke.
Aber Jungfer Adelheid
Treibt die Sache gar zu weit,

Denn sie sticht in Kampfeshitze
Mit des Schirmes scharfer Spitze

Und vor Schaden schützt ihn bloß
Seine warme Lederhos'. –

Drauf so schau'n sich fröhlich an

Pilgerin und Pilgersmann,

Fern verklingt der Jungfernchor,
Bruder Jochen betet vor. –

Doch der böse Kutscher, dem

Alles dieses nicht genehm,
Meldet eilig die Geschichte
Bei dem hohen Stadtgerichte.

Dieses ladet baldigst vor
Jochen und den Jungfernchor.

Und das Urteil wird gesprochen:
Bruder Jochen kriegt drei Wochen,
Aber Jungf- und Bruderschaften
Sollen für die Kosten haften.

Ach! da schau'n sich traurig an
Pilgerin und Pilgersmann.

Dreizehntes Kapitel

Die Zwillinge

Wo kriegten wir die Kinder her,

Wenn Meister Klapperstorch nicht wär?

Er war's, der Schmöcks in letzter Nacht
Ein kleines Zwillingspaar gebracht.

Der Vetter Franz, mit mildem Blick,
Hub an und sprach: „O welches Glück!
Welch' kleine, freundliche Kollegen!
Das ist fürwahr zwiefacher Segen!

Drum töne zwiefach Preis und Ehr!
Herr Schmöck, ich gratuliere sehr!"

Bald drauf um zwölf kommt Schmöck herunter,
So recht vergnügt und frisch und munter.

Und emsig setzt er sich zu Tische,
Denn heute gibt's Salat und Fische.

Autsch! – Eine Gräte kommt verquer,
Und Schmöck wird blau und hustet sehr;

Und hustet, bis ihm der Salat
Aus beiden Ohren fliegen tat.

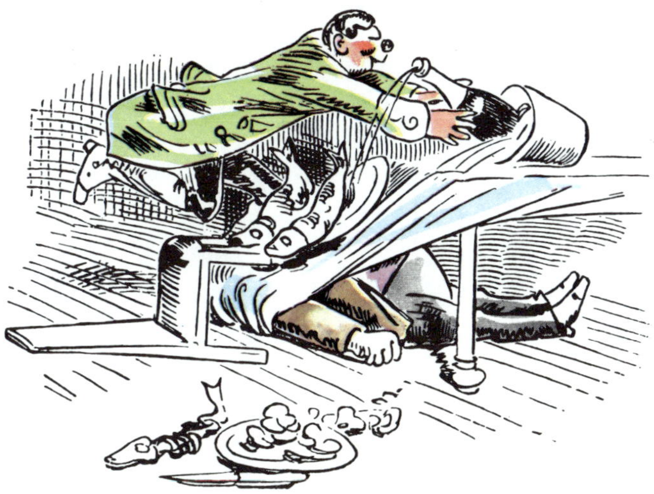

Bums! Da! Er schließt den Lebenslauf.
Der Jean fängt schnell die Flasche auf.

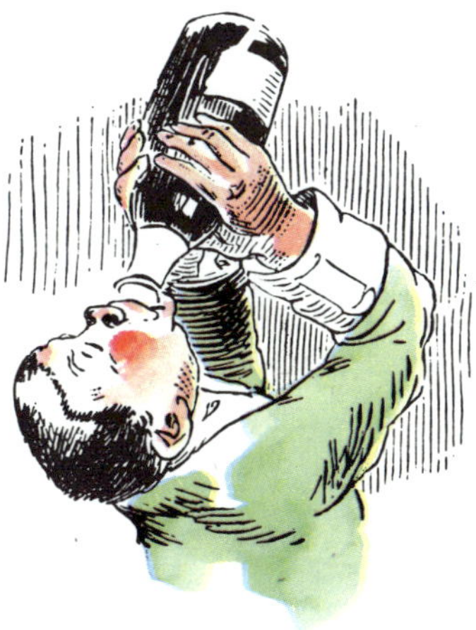

„Oh!" – sprach der Jean – „es ist ein Graus!
Wie schnell ist doch das Leben aus!"

Vierzehntes Kapitel

Ein treuloser Freund

„O Franz!" – spricht Lene – und sie weint –
„O Franz! Du bist mein einz'ger Freund!"

„Ja!" – schwört der Franz mit mildem Hauch –
„Ich war's, ich bin's und bleib es auch!

Nun gute Nacht! Schon tönt es zehn!
Will's Gott! Auf baldig Wiedersehn!"

Die Stiegen steigt er sanft hinunter. –
Schau, schau! Die Kathi ist noch munter.

Das freut den Franz. – Er hat nun mal
'n Hang fürs Küchenpersonal.

Der Jean, der heimlich näher schlich,
Bemerkt die Sache zorniglich.

Von großer Eifersucht erfüllt,
Hebt er die Flasche rasch und wild.

Und – Kracks! Es dringt der scharfe Schlag
Bis tief in das Gedankenfach.

s' ist aus! – Der Lebensfaden bricht. –
Helene naht. – Es fällt das Licht. –

Fünfzehntes Kapitel

Die Reue

Ach, wie ist der Mensch so sündig! –
Lene, Lene! Gehe in dich! –

Und sie eilet tieferschüttert
Zu dem Schranke schmerzdurchzittert.

Fort! Ihr falschgesinnten Zöpfe,
Schminke und Pomadetöpfe!

Fort! Du Apparat der Lüste,
Hochgewölbtes Herzgerüste!

Fort vor allem mit dem Übel
Dieser Lust- und Sündenstiebel!

Trödelkram der Eitelkeit,
Fort und sei der Glut geweiht!!

O wie lieblich sind die Schuhe
Demutsvoller Seelenruhe!!

Sieh, da geht Helene hin,
Eine schlanke Büßerin!

Sechzehntes Kapitel

Versuchung und Ende

Es ist Brauch von alters her:
Wer Sorgen hat, hat auch Likör!

„Nein!" ruft Helene – „Aber nun
Will ich's auch ganz – und ganz – und ganz –
und ganz gewiß nicht wieder tun!"

Sie kniet von ferne fromm und frisch.
Die Flasche stehet auf dem Tisch.

Es läßt sich knien auch ohne Pult.
Die Flasche wartet mit Geduld.

Man liest nicht gerne weit vom Licht.
Die Flasche glänzt und rührt sich nicht.

Oft liest man mehr als wie genug.
Die Flasche ist kein Liederbuch.

Gefährlich ist des Freundes Nähe.
O Lene, Lene! Wehe, Wehe!

O sieh! – Im sel'gen Nachtgewande
Erscheint die jüngstverstorb'ne Tante.

Mit geisterhaftem Schmerzgetöne –
„Helene!" – ruft sie – „Oh, Helene!!"

Umsonst! – Es fällt die Lampe um,
Gefüllt mit dem Petroleum.

Und hilflos und mit Angstgewimmer
Verkohlt dies fromme Frauenzimmer.

Hier sieht man ihre Trümmer rauchen.
Der Rest ist nicht mehr zu gebrauchen.

Siebzehntes Kapitel

Triumph des Bösen

Hu! draußen welch ein schrecklich Grausen!
Blitz, Donner, Nacht und Sturmesbrausen! –

Schon wartet an des Hauses Schlote
Der Unterwelt geschwänzter Bote.

Zwar Lenens guter Genius
Bekämpft den Geist der Finsternus.

Doch dieser kehrt sich um und packt
Ihn mit der Gabel zwiegezackt.

O weh, o weh! der Gute fällt!
Es siegt der Geist der Unterwelt.

Er faßt die arme Seele schnelle

Und fährt mit ihr zum Schlund der Hölle.

Hinein mit ihr! – Huhu! Haha!
Der heil'ge Franz ist auch schon da.

Epilog

Als Onkel Nolte dies vernommen,
War ihm sein Herze sehr beklommen.

Doch als er nun genug geklagt:
„Oh!“ sprach er – „Ich hab's gleich gesagt!“

„Das Gute – dieser Satz steht fest –
Ist stets das Böse, was man läßt!“

„Ei ja! – da bin ich wirklich froh!
Denn, Gott sei Dank! Ich bin nicht so!!“

Bilder
zur
Jobsiade

An

Karl Arnold Kortum

Verfasser der Jobsiade

Hier sitz ich auf dem Meilenstein
Und sehe froh-verwundert,
Wie Du auf Deinem Rößlein fein
Hertrabst durch das Jahrhundert.

Jetzt bist Du da. – Ich zieh den Hut,
Du ziehst den vollen Säckel
Und wirfst die Batzen wohlgemut
In meinen alten Deckel.

Das Rößlein schüttelt mit dem Kopf,
Es sitzt so stramm der Reiter;
Wie lustig wackelt ihm der Zopf!
Zack zack! So geht es weiter.

Erstes Kapitel

Sintemalen denn alles beisammen allhier:
Feder, Tinte, Tobak und Papier;
So wollen wir dem Hieronymus Jobsen –
Nachdem wir uns eine Pfeife gestopsen –
Sein Leben, Lernen, Leiden und Lieben,
Und was er sonsten allhier getrieben,
Mit allem Fleiße aufnotieren
Und standesgemäß zu skizzieren probieren. –

Dies hier ist Jobs, der Herr Senater,

Des Hieronymus zukünftiger Vater. –
Die Frau Senaterin aber war

Eine geborene Plappelplar,
Mit welcher indessen der treue Gatte
Bis dato nur weibliche Kinder hatte.
Darum so war ihr Streben und Sinnen,
Demnächst einen Knaben sich zu gewinnen.

Einst, als die Frau Senaterin Jobs
Im Bette schlief, recht sanft gottlobs!
Da war ihr so, als wenn ihr so wär,
Als hätte sie mit vieler Beschwer

Ein großes allmächtiges Tutehorn
Statt eines kleinen Kindes geborn. –
– Drei Wochen nach diesem Traumgesicht
Begab sich ein kleiner Jobs ans Licht. –

Wie freut sich der betreffende Vater,
Nämlich Jobs, der alte Senater.

Es eilten herbei mit freudigem Schnattern
Alle die Tanten, Basen, Gevattern.

Sie sagten, daß es auf ihre Ehre
Ein ganz reizender Knabe wäre. –

Drauf, als Frau Jobs in ihrer Art
Den neulich gehabten Traum offenbart,
Hub alles die Hände in die Höh:
„Grundgütiger ojemine!
Was wäre denn das? Was wäre denn das?
So was bedeutet sicher was!"

Frau Schnepperle sprach mit weisem Ton:
„Ja, ja! Da bringt mich keiner von!
Frau Schnattrin, glauben Sie es nur:
Ein Traum, der kommt aus der Natur!"

Zweites Kapitel

Nach allgemeinem Familienbeschluß
Nennt man den Knaben Hieronymus. –
Meistens war er ganz gut zufrieden,

Besonders, wenn ihm ein Schnuller beschieden.
Aber dann kamen die bösen Insekten,

Welche ihn immer so leckten und neckten,
Daß er sich nicht zu helfen wußte
Und seinen Schnuller entlassen mußte.

Weithin erscholl sein Wehgeschrei
Und lockte die guten Eltern herbei.

Die gaben dann manchen zärtlichen Kuß
Ihrem lieben kleinen Hieronymus.

Als nun Hieronymus sieben Jahr
Und auch bereits in der Schule war,
Da hat es sich leider gezeigt,
Daß er dem Lernen sehr abgeneigt.

Statt dessen fing er häufig mit Spucke
Zwischen den Fingern sich eine Mucke,
Und tat's auch dann noch, wenn es hieß:
„Hieronymus, unterlasse dies!"

Auch trieb er noch manch' andere Possen,
Die den Herrn Rektor sehr verdrossen.

Zum Beispiel stutzt er sich seinen Zopf

Und stopft das in den Pfeifenkopf.

Der gute Rektor kommt gegangen,

Greift nach der Pfeife voll Verlangen,

Und, da er sie noch geladen findet,

Hat er sie baldigst angezündet.

Aber schon nach den ersten Zügen

Macht ihm die Sache kein rechtes Vergnügen.

„Bäbä!" – so spuckt er. – „Ich glaube gar,

Dies schmeckt wie gebratenes Menschenhaar!

Ei, ei! Hieronymus, du Tropf!

Da fehlt ja was hinten an deinem Zopf!"

Der Rektor, welcher in heftigem Zorn,

Schlägt nach hinten und zieht nach vorn.

Des Rektors Pfeife ist ruiniert;

Hieronymus ist mit Tinte beschmiert. –
Hieraus ziehet der Rektor den Schluß:
's wird nichts aus diesem Hieronymus.

Drittes Kapitel

Öfters noch sprach der Rektor Bax:
„Der Junge, der bleibt ein fauler Lachs!"
Aber die Eltern blieben dabei,
Daß Hieronymus dieses nicht sei. –
Frau Jobs, die noch ihren Traum im Sinn,
Befraget die Zigeunerin.
Die sprach: „Aus diesem Horn zum Tuten
Kann man mit Sicherheit vermuten,
Dereinst wird der Herr Sohn auf Erden
Ein Mann von großem Ruhme werden.
Er wird ermahnen, er wird belehren;
Einer wird reden und viele hören.
Die Schläfer wird er auferwecken.

Den Kranken ein Tröster, den Bösen ein Schrecken."

Demnach so ist es denn beschlossen,
Obschon es den Rektor heftig verdrossen,
Hieronymus soll das Studieren erlernen,
Sich Ostern zur Universität entfernen
Und dorten verbleiben zu Nutz und Ehr,
Bis daß er ein geistlicher Herre wär. –

Den Beutel mit schönen Dukaten gespickt,
Ist er richtig zu Ostern ausgerückt

Und, von dem alten Hausknecht beglitten,
Recht heiter zur nächsten Post geritten.

In der Stube der Passagiere
Befand sich ein Herr von feiner Tournüre,

Bekleidet mit einer großen Perücke;
Der tät ihn begrüßen mit freundlichem Blicke
Und sagte so unter anderen Sachen,
Sie wollten ein kleines Spielchen machen. –

Anfangs ging die Sache recht gut,
Hieronymus war froh und faßte Mut.
Als aber das Posthorn lustig erklang,
Ward es ihm in der Seele bang.

Mit Schmerzen läßt er sein Geld zurücke
Dem fremden Herrn mit der großen Perücke.
So sitzt er nun im Wageneck,
Gedenkt an seine Dukaten, die weg,
Und ist voll tiefer Melancholie. –

Ein hübsches Mamsellchen sitzt vis-à-vis.

Diese gute Demoiselle
Tröstet den armen Jüngling schnelle.

Dem Mitleid folgt in kurzer Zeit
Die Liebe und dieser die Zärtlichkeit.

Und auch der Schwager seinerseits
Findet die Sache nicht ohne Reiz. –

Ach, aber kaum lernt man sich kennen,
So muß man sich schon wieder trennen.

Der Schwager bläst trara, trara!
Und fort muß die Amalia.

Wie nun Hieronymus weiter fuhr,
Denkt er sich: Was ist wohl die Uhr?
Er sucht sie vorne, er sucht sie hinten,
Aber er kann die Uhr nicht finden.

Auweh! Jetzt fällt's ihm plötzlich ein:
Man soll mit Vorsicht zärtlich sein.

Viertes Kapitel

Die erste Pflicht der Musensöhne
Ist, daß man sich ans Bier gewöhne.

Hieronymus ward dieses nicht schwer;
Er konnte es schon von der Schule her.

Im goldenen Engel auf der Bank

Saß er fleißig und sang und trank.

Und wenn es dann Feierabend hieß,
Und jeder den goldenen Engel verließ,
War's ihm nicht recht. Denn saß er mal,

So verließ er nur ungern das schöne Lokal.

Die Rinnen des Daches, nützlich und gut,

Biegt er nach außen, bis alles kaput.

Dahingegen leeret die Dame vom Haus

Die Schale des Zornes über ihn aus.

Gibt's irgendwo 'ne Paukerei,

Natürlich, Hieronymus ist dabei,
Und kriegt denn auch eine schöne Quarte

In seine dicke, fette Schwarte.

Oft wandelt er mit Schmitts Karlinen,
Selbst wenn der Mond auch nicht geschienen

In traulich stillem Wechselverkehr
Auf dem Walle der Stadt umher. –
Dieses war stets ein großer Genuß
Für den guten Hieronymus. –

Übrigens hat er unterdessen

Seine guten Alten auch nicht vergessen.

„Liebe Eltern!" – (so schrieb er oft) – „Ich melde
Hierbei, daß es mir fehlet an Gelde,
Habet also die Gewogenheit
Und schicket mir bald eine Kleinigkeit.

Nämlich etwa zwanzig Dukaten,
Denn ich weiß mich kaum mehr zu raten,
Weil es alles so knapp geht hier,
Drum sendet doch dieses Geld bald mir.

Kaum begreift ihr die starke Ausgabe,
Welche ich auf der Universität habe,
Für so viele Bücher und Kollegia;
Ach wären die zwanzig Dukaten da!

Hiermit will ich also mein Schreiben beschließen.
Meine Geschwister tu ich freundlich grüßen
Und verharre hierauf zum Schluß
Euer gehorsamer Sohn
Hieronymus.

Ich setze noch eilig zum Postskripte:
Meine hochgeehrte und sehr geliebte
Eltern, ich bitte kindlich,
Schicket doch bald das Geld an mich."

Was hierauf des Vaters Antwort gewesen,
Das kann man folgendermaßen lesen:

„Mein herzvielgeliebtester Sohn!
Dein Schreiben hab ich erhalten schon.

Es sind noch nicht drei Monat vergangen,
Daß Du hundertundfünfzig Taler empfangen;
Fast weiß ich nicht, wo in der Welt
Ich hernehmen soll alle das Geld.

Ich höre gerne, daß Du studierest
Und Dich fleißig und ordentlich aufführest;
Aber höchst ungern vernehme ich von Dir,
Daß Du zwanzig Dukaten forderst von mir.

Ich werde es also sehr gerne sehen,
Wenn Du von der Universität tust gehen,
Denn es fällt mir wahrlich gar schwer,
Alle die Gelder zu nehmen woher.

Ich verharre übrigens
Dein treuer Vater,

Hans Jobs, pro tempore Senater.
N. S. Dein Schreiben mir zwar gefällt,
Aber verschone mich weiter mit Geld!"

Um demnach seiner Eltern Verlangen und Willen,
Die seine Heimkunft begehrten, zu erfüllen,
Tut Hieronymus zu dieser Frist,
Was zum Abmarsche nötig ist.

Fünftes Kapitel

Grad als die Mutter, Frau Senaterin Jobsen,
Ein wenig zankte, weil sie's verdrobsen,
Daß schon wieder in selbigter Wochen

Ein Kaffeetopf entzweigebrochen –
Grad als der Vater im Lehnstuhl saß
Und nach Tisch in der Zeitung las –
Vernahm man draußen ein heftiges Knallen.

Der Vater lässet die Zeitung fallen;

Und jeder eilt mit Schrecken herbei,
Zu sehn, was das für ein Lümmel sei.

Zwar erst erkannte man ihn nicht

Vor seinem dicken Bauch und Gesicht;
Dann aber war die Freude groß. –
Nur tadelnswert fand man es bloß,
Daß Kleidung sowohl wie der Stoppelbart
Nicht passend für seine geistliche Art.

Hieronymus überlegte es auch
Und tät sich bekleiden nach Standesgebrauch. –

Er hatte mit klugem Vorbedacht
Bereits eine Predigt mitgebracht,
Welche ein Freund in der Musenstadt
Fleißig für ihn verfertigt hat. –

Schon am nächsten Sonntag betrat

Hieronymus die Kanzel als Kandidat.

Er sagt es klar und angenehm,

Was erstens, zweitens und drittens käm.

„Erstens, Geliebte, ist es nicht so?

Oh, die Tugend ist nirgendwo!

Zweitens, das Laster dahingegen

Übt man mit Freuden allerwegen.

Wie kommt das nur? So höre ich fragen.
O Geliebte, ich will es Euch sagen.

Das machet, drittens, die böse Zeit,
Man höret nicht auf die Geistlichkeit.

Wehehe denen, die dazu raten;

Sie müssen all in der Hölle braten!!

Zermalmet sie! Zermalmet sie!
Nicht eher wird es anders allhie!

Aber Geduld, geliebte Freunde!

Sanftmütigkeit ziert die Gemeinde!“

Als Hieronymus geredet also,

Stieg er herab und war sehr froh.

Die Bürger haben nur grad geschaut.
Und wurde ein großes Gemurmel laut:

„Diesem Jobs sein Hieronymus,
Der erregt ja Verwundernus!"

Sechstes Kapitel

Es blieb aber nunmehro noch etwas zurücke
Als Erfordernis zum geistlichen Glücke –
Nämlich das Examen – welches zwar
Dem Hieronymus fast zuwider war;
Indcs ist doch schließlich das Zögern vergebens

Die fürchterlichste Stunde seines Lebens,
Naht anitzo ernstlich herzu.

Ach, du armer Hieronymus, du!

Der Herr Inspektor machte den Anfang,
Hustete viermal mit starkem Klang,
Schneuzte und räusperte auch viermal sich
Und sagte, indem er den Bauch sich strich:
„Ich, als zeitlicher pro tempore Inspektor
Und der hiesigen Geistlichkeit Direktor,

Frage Sie: Quid sit episcopus?"
Alsbald antwortete Hieronymus:

„Ein Bischof ist, wie ich denke,
Ein sehr angenehmes Getränke
Aus rotem Wein, Zucker und Pomeranzensaft
Und wärmet und stärket mit großer Kraft."

Über diese Antwort des Kandidaten Jobses
Geschah allgemeines Schütteln des Kopfes;
Der Inspektor sprach zuerst hem! hem!
Drauf die andern secundum ordinem.

Nun hub der Assessor an zu fragen:
„Herr Hieronymus, tun Sie mir sagen,

Wer die Apostel gewesen sind?"
Hieronymus antwortete geschwind:

„Apostel nennet man große Krüge,
Darin gehet Wein und Bier zur Genüge;
Auf den Dörfern und sonst beim Schmaus
Trinken die durstigen Burschen daraus."

Über diese Antwort des Kandidaten Jobses
Geschah allgemeines Schütteln des Kopfes;
Der Inspektor sprach zuerst hem! hem!
Drauf die andern secundum ordinem.

Nun traf die Reihe den Herrn Krager,
Und er sprach: „Herr Kandidat, sag er,

Wer war der heilige Augustin?"
Hieronymus antwortete kühn:

„Ich habe nie gehört oder gelesen,
Daß ein andrer Augustin gewesen
Als der Universitätspedell Augustin,
Er zitierte mich oft zum Prorektor hin."

Über diese Antwort des Kandidaten Jobses
Geschah allgemeines Schütteln des Kopfes;
Der Inspektor sprach zuerst hem! hem!
Drauf die andern secundum ordinem.

Nun folgte Herr Krisch ohn' Verweilen
Und fragte: „Aus wie viel Teilen
Muß eine Predigt bestehn,

Wenn sie nach Regeln soll geschehn?"

Hieronymus, nachdem er sich eine Weile
Bedacht, sprach: „Die Predigt hat zwei Teile.
Den einen Teil niemand verstehen kann,
Den andern Teil aber verstehet man.“

Über diese Antwort des Kandidaten Jobses
Geschah allgemeines Schütteln des Kopfes;
Der Inspektor sprach zuerst hem! hem!
Drauf die andern secundum ordinem.

Nun fragte Herr Beff, der Linguiste,
Ob Herr Hieronymus auch wohl wüßte,

Was das hebräische Kübbuz sei? –
Und Hieronymus antwortet frei:

„Das Buch, genannt Sophiens Reisen
Von Memel nach Sachsen tut es weisen,
Daß sie den mürrischen Kübbuz bekam,
Weil sie den reichen Puff früher nicht nahm.“

Über diese Antwort des Kandidaten Jobses
Geschah allgemeines Schütteln des Kopfes;
Der Inspektor sprach zuerst hem! hem!
Drauf die andern secundum ordinem.

Nun kam auch an den Herrn Schreie,
Den Hieronymus zu fragen, die Reihe.

Er fragte also: Wie mancherlei
Die Gattung der Engel eigentlich sei?

Hieronymus tat die Antwort geben:
Er kenne zwar nicht alle Engel eben,
Doch wär ihm ein goldner Engel bekannt
Auf dem Schild an der Schenke „Zum Engel“ genannt.

Über diese Antwort des Kandidaten Jobses
Geschah allgemeines Schütteln des Kopfes;
Der Inspektor sprach zuerst hem! hem!
Drauf die andern secundum ordinem.

Herr Plotz hat nun fortgefahren
Zu fragen: „Herr Kandidate, wie viele waren

Concilia oecumenica?“ –
Und Hieronymus antwortet da:

„Als ich auf der Universität studieret,
Ward ich oft vors Concilium zitieret,
Doch betraf solches Concilium nie
Sachen aus der Ökonomie."

Über diese Antwort des Kandidaten Jobses
Geschah allgemeines Schütteln des Kopfes;
Der Inspektor sprach zuerst hem! hem!
Drauf die andern secundum ordinem.

Nun folgte Herr Keffer, der geistliche Herre;
Seine Frage schien zu beantworten schier schwere.

Sie betraf der Manichäer Ketzerei
Und was ihr Glaube gewesen sei?

Antwort: „Ja, diese einfältigen Teufel
Glaubten, ich würde sie ohne Zweifel
Vor meiner Abreise bezahlen noch;
Ich habe sie aber geprellet doch."

Über diese Antwort des Kandidaten Jobses
Geschah allgemeines Schütteln des Kopfes;
Der Inspektor sprach zuerst hem! hem!
Drauf die andern secundum ordinem.

Als nun die Prüfung zu Ende gekommen,
Hat Hieronymus seinen Abtritt genommen;

Damit man die Sache nach Kirchenrecht
In reife Überlegung nehmen möcht;
Ob es mit gutem Gewissen zu raten,
Daß man in die Klasse der Kandidaten
Des heiligen Ministerii den
Hieronymus aufnehmen könn'.

Es ging also an ein Votieren.
Doch ohne vieles Disputieren
Lautet der Spruch des geistlichen Gerichts:
Mit Herrn Hieronymus ist es nichts.

Siebentes Kapitel

Die Hoffnung, dereinst ein Pfarrer zu werden,
Ist also vergeblich auf dieser Erden. –
Hieronymus findet es nötig nun,
Anderswohin sich umzutun. –
Es macht sich auch. – Von da nicht fern
Auf dem Gut eines alten gnädigen Herrn
Suchte man längst schon hin und her
Einen passenden Sekretär.

Und, richtig, unser Hieronymus
Wird wirklich Herr Sekretarius.

Einc Kammerjungfer ist auch noch da. –
Schau, schau! Es ist die Amalia! –
Das mit der Uhr war freilich abscheulich,
Aber Hieronymus fand es verzeihlich,
Denn Amalia war sehr betrübt,
Machte sich, wo sie konnte, beliebt
Und half ihm mit allen ihren Kräften

Bei seinen schwierigen Amtsgeschäften. –

Aber die Sache wird bald sehr peinlich,

Denn der Alte benimmt sich kleinlich;
Und Hieronymus, ohne Lohn,
Verläßt die bisherige Kondition.

Einem frommen Fräulein, bedeutend bemittelt,
Die längst ihre Jugend abgeschüttelt,

Fehlt eben ein kräftiger Assistente,
Der mit ihr beten und singen könnte. –
Von allen, die kamen, schien ihr am meisten
Hieronymus geeignet dieses zu leisten.

Drum hieß sie ihn zu Nutz und Frommen
Als Mitgehilfen hochwillkommen.

Als er nun aber singen sullt,

Da fehlt ihm die christliche Geduld. –

So mußte die Alte wieder allein
Bei ihrer Andacht tätig sein. –

Hieronymus, in einer Spelunke,
Findet zwo Lumpen bei ihrem Trunke;

Und ist ihm auch der eine von ihnen
Gewissermaßen bekannt erschienen. –

Hieronymus legt sich bald aufs Ohr.

Die Lumpen ziehen die Börse hervor,
Und als der Morgen kommt, o Schreck!
Ist die Börse mitsamt den Lumpen weg. –

Der Wirt, der großes Mitleid hat,
Nimmt sich den Rock an Zahlungsstatt. –
So irret Hieronymus sorgenschwer
Kreuz und quer in einem Walde umher. –
Auf einmal, so höret er Jammern und Klagen
Und Degengeklirr und Knittelschlagen,
Und siehe da, eine Equipage

Ist überfallen von Räuberbagage.

Der Kutscher ist auf der Erde gelegen,
Der Herr, der wehret sich mit seinem Degen,
Die gnädige Frau steht auch dabei
Und machet ein großes Wehgeschrei. –

Hieronymus aber eilet sofort
An diesen Jammer- und Schreckensort
Und entscheidet die Sache vermittels
Seines kräftig geschwungenen Knittels.

Die Räuber kommen in große Not!
Der eine muß laufen, der andre bleibt tot.
Und schau, der hier zu Tode gekommen,
Hat ihm zu Nacht den Beutel genommen.
Auch fällt dem alten Bösewicht
Sein schwarzes Pflaster vom Gesicht;
Und schau, da ist's der Perückenmann,
Der einst auf der Post die Dukaten gewann.

Hieronymus tut ihn nicht beklagen,
Nimmt die Börse und folgt dem Herrschaftswagen.

Die Herrschaft aber preist die Götter
Und ihren mutigen Lebensretter.

Achtes Kapitel

Es war aber grade da zu Land
Die Dorfschulmeisterstelle vakant,
Und hat darüber die Disposition
Der gnädige Herr als Schutzpatron.

Aus Dankbarkeit auf höchstem Beschluß
Kriegt diese Stelle Hieronymus. –
So hat er nun die Schulmeisterei
Und sieht, was hierbei zu machen sei.

Zuvörderst findet er in der Fibel
Manche veraltete Mängel und Übel;
Wie er dann gleich mit Schrecken sah,
Daß das ff und ph nicht da. –

Auch scheint ihm gar nicht wohlgetan
Der abgemalete Gockelhahn.

Er streichet ihm hinweg zuvoren
Die überflüssigen Reitersporen.

Er füget ihm aber dagegen bei
Ein Nest mit eingelegtem Ei;
Damit man sehe, daß eigentlich dies
Der Segen und Nutzen des Federviehs.

Nachdem er also die Lehre verbessert,
Bedenkt er, wie man die Strafe vergrößert.

Nämlich im Schulvermögen war
Ein Eselskopf als Inventar.

Hieronymus, zu größerer Schand und Graus,
Macht einen ganzen Esel daraus. –

Die Bauern aber murren sehr
Über die neu erfundene Lehr.

Sie taten sich hoch und heilig vereiden,
Sie wollten und wollten dieses nicht leiden
Und wollten den neuen Meister der Schule
Herunterstoßen von seinem Stuhle.

Eines Morgens in aller Früh

Wohl ausgerüstet marschieren sie.

Hieronymus schlummert noch sanft und gut,
Da tönet die Stimme: „Kum man mal rut!"

Alsbald so fühlt er sich fortgeschoben,

Schwupp da! – Er wird seines Amtes enthoben.

Die Bauern, geschmückt mit vielen Trophä'n,
Machen ein großes Siegesgetön.

Sie füllen die Gläser und stoßen an:

„Prost, vivat! Düt hett gude gan!"

Als aber vorüber das erste Feuer,
Ist manchem doch nicht so recht geheuer.

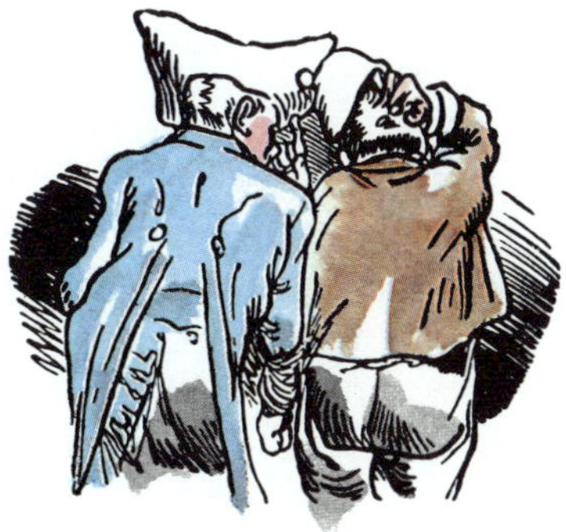

Ja, wenn der gnädige Herr nicht wär!
Der gnädige Herr, was sagt aber der??
„Mal fünfundzwanzig! Nach altem Brauch!"

Richtig geraten! – So kommt es auch. –

Neuntes Kapitel

Hieronymus, nach diesem Mißgeschicke,
Will nicht wieder ins Amt zurücke. –
Er hat seinen Wanderstab genommen
Und sucht sich sonstwo ein Unterkommen.

Wie's nun so geht! – Einstmalen hat er
Sich hinbegeben ins Theater,
Und ist da eben auf der Szene
Eine Prinzessin wunderschöne.
Ach Gott! Wie wird ihm zu Mute da!
's ist seine geliebte Amalia!

Das Stück ist endlich zu Ende gegangen.

Die Liebenden halten sich fest umfangen. –

Hieronymus aber war es zur Stund,
Als riefe in seines Leibes Grund
Der innern Stimme ernster Baß:
Hieronymus, werde auch so was! –

Es ging nicht lange Zeit herum,
So zeigt er sich bald schon dem Publikum

Als ein verliebter ländlicher Schäfer.
In anderen Rollen ist er noch bräver,

Und überhaupt sehr löb- und preislich.

Aber Amalia benahm sich scheußlich. –

Drum entfernt sich mit Weh und Ach
Hieronymus aus dem Künstlerfach.
Und da man grad in der Vaterstadt
Einen Nachtwächter nötig hat,
So erwirbt er sich diesen schönen Posten
Und stößt ins Horn auf städtische Kosten.

Das mütterliche Traumgebild

Vom großen Horn ist nun erfüllt. –

Hieronymus blus auch wirklich gut:

Kaum schlägt es zehn, so geht's Tu-huth!

Und ruft er dann das: Hört ihr Herrn!

Wacht jeder auf und hört es gern.

Einst, da er in einer heftig kalten
Nacht, sein schwieriges Amt zu verwalten,
Den Mund öffnet, um zwölfe zu schrein,
Bläst ihm der nördliche Wind hinein. –

Zwar um eins geht's noch: tu-huth!
Um zwei aber ist's ihm schon gar nicht gut.
Glock drei bereits legt er sich nieder
Mit Schmerzen des Leibes und der Glieder.

Um acht Uhr kommt die Medizin,
Wonach es auch etwas besser schien.

Doch sah man etwa gegen zehn:
Hieronymus wird von dannen gehn!

Punkt zwölf erscheint der Knochenmann
Und hält das Perpendikel an. –

lso geht alles zu Ende allhier:
Feder, Tinte, Tobak und auch wir.

Zum letztenmal wird eingetunkt,
Dann kommt der große
schwarze

Pater Filucius

Allegorisches Zeitbild

Höchst erfreulich und belehrend
Ist es doch für jedermann,
Wenn er allerlei Geschichten
Lesen oder hören kann.

So zum Beispiel die Geschichte
Von dem Gottlieb Michael,

Der bis dato sich beholfen
So lala als Junggesell.

Zwo bejahrte fromme Tanten
Lenken seinen Hausbestand;

Und Petrine und Pauline
Werden diese zwo benannt.

Außerdem, muß ich bemerken,
Ist noch eine Base da,
Hübsch gestaltet, kluggelehrig,
Nämlich die Angelika.

Wo viel zarte Hände walten –
Na, das ist so wie es ist!

Kellerschlüssel, Bodenschlüssel
Führen leicht zu Zank und Zwist.

Ebenso in Kochgeschichten
Einigt man sich öfters schwer.
Gottlieb könnte lange warten,

Wenn Angelika nicht wär.

Sie besorgt die Abendsuppe
Still und sorgsam und geschwind;

Gottlieb zwickt sie in die Backe:
„Danke sehr, mein gutes Kind!"

Grimmig schauen itzt die Tanten
Dieses liebe Mädchen an:
„Ei, was muß man da bemerken?
Das tut ja wie Frau und Mann!"

Dennoch und trotz allediesem
Geht die Wirtschaft doch so so. –
Aber aber, aber aber

Jetzt kommt der Filuzio.

Nämlich dieser Jesuiter
Merkt schon längst mit Geldbegier
Auf den Gottlieb sein Vermögen,
Denkend: „Ach, wo krieg ich Dir?"

Allererst pirscht er sich leise
Hinter die Angelika,

Die er Äpfelmus bereitend
An dem Herde stehen sah.

Und er spricht mit Vaterstimme:
„Meine Tochter, Gott zum Gruß!"

Schlapp! da hat er im Gesichte
Einen Schleef von Appelmus.

Dieses plötzliche Ereignis
Tut ihm in der Seele leid. –

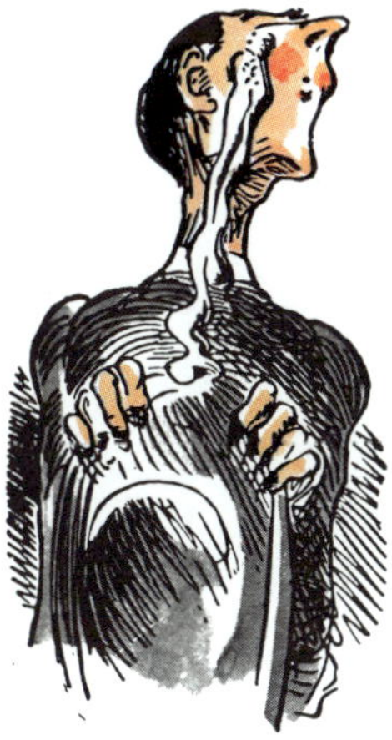

Ach, man will auch hier schon wieder
Nicht so wie die Geistlichkeit!!

Doch die gute Tante Trine
Sehnt sich ja so lange schon
Nach dem Troste einer frommen
Klerikalen Mannsperson. –

Da ist eher was zu machen. –

Luzi macht sich lieb und wert,
Weil er ihr als Angebinde

Schrupp, den kleinen Hund, beschert.

Schrupp ist wirklich auch possierlich.
Er gehorchet auf das Wort,
Holt herbei, was ihm befohlen,

Wenn es heißet: „Schrupp, apport!"

Heißt es: „Liebes Schrupperl, singe!"

Fängt er schön zu singen an;

Spielt man etwas auf der Flöte,
Hupft er, was er hupfen kann.

Wenn es heißet: „Wo ist's Ketzerl?"
Wird er wie ein Borstentier;

Und vor seinem Knurren eilet
Tante Line aus der Tür.

Spricht man aber diese Worte:
„Schrupp, was tun die schönen Herrn?"

Gleich küßt er die Tante Trine,
Und sie lacht und hat es gern.

Eines nur erzeugt Bedenken.
Schrupp entwickelt letzterzeit

Mit dem Hinterfuße eine
Merkliche Geschäftigkeit.

Mancher hat in diesen Dingen
Eine glückliche Natur.
Tante Trine, zum Exempel,
Fühlt von allem keine Spur,

Wohingegen Tante Line

Keine rechte Ruh genießt,

Wenn sie abends, wie gewöhnlich,

In der Hauspostille liest.

Und auch Gottlieb muß verspüren,
Ganz besonders in der Nacht,

Daß es hier

und da

und dorten
Immer kribbelkrabbel macht.

Prickeln ist zwar auch zuwider,
Doch zumeist die Jagderei;
Und mit Recht soll man bedenken,
Wie dies zu verhindern sei.

Mancher liebt das Exmittieren;

Und die Sache geht ja auch.
Aber sicher und am besten –

Knacks! – ist doch der alte Brauch.

Freilich ist hier gar kein Ende.
Man gelanget nicht zum Ziel.
Jeder ruft: „Wie ist es möglich?"
Bis man auf den Schrupp verfiel.

Zwar die Tante und Filuzi
Rufen beide tief gekränkt:

„Engelrein ist sein Gefieder!"
Aber Schrupp wird eingezwängt.

In ein Faß voll Tobakslauge

Tunkt man ihn mit Haut und Haar,

Ob er gleich sich heftig sträubte

Und durchaus dagegen war.

Drauf so wird in einem Stalle
Er mit Vorsicht interniert,

Bis, was man zu tadeln findet,
So allmählich sich verliert.

Anderseits bemerkt man dieses
Unter großem Herzeleid.

Ach, man will auch hier schon wieder
Nicht so wie die Geistlichkeit!!

Jetzt wär alles gut gewesen,
Wäre Schrupp kein Bösewicht. –
Er gewöhnt sich an das Kauen,
Und das läßt und läßt er nicht.

Hat er Gottlieb seine Stiefel

Nicht zur Hälfte aufgezehrt?
Tante Linens Hauspostille,

Hat er die nicht auch zerstört?

Zwar die Tante und Filuzi
Blicken mitleidsvoll empor:

„Armes gutes Schruppuppupperl!
Immer haben sie was vor!!"

Ja, es ließe sich ertragen,
Täte Schrupp nur dieses bloß;

Würde Schrupp nicht augenscheinlich
Scham- und ruch- und rücksichtslos.

Und so muß er denn empfinden,
Daß zuletzt die böse Tat

Für den Übeltäter selber
Unbequeme Folgen hat.

Anderseits bemerkt man dieses
Nur mit tiefem Herzeleid.
Ach, man will auch hier schon wieder
Nicht so wie die Geistlichkeit!

Leichter schmiegt sich Seel an Seele
In der schmerzensreichen Stund,

Und man schwört in der Bergère
Sich den ew'gen Freundschaftsbund.

Aber wie sie da so sitzen,
Öffnet plötzlich sich die Tür.

Gottlieb ruft mit rauher Stimme:
„Ei, ei, ei! was macht man hier?"

Freilich hüllen sich die beiden
Schnell in fromme Lieder ein;

Doch nur kurze Zeit erschallen
Diese schönen Melodein.
Ach, die weltlichen Gewalten! –
Durch des Armes Muskelkraft

Wird der fromme Pater Luzi
Wirbelartig fortgeschafft.

Dieses plötzliche Ereignis
Tut ihm in der Seele leid.

Ach, man will auch hier schon wieder
Nicht so wie die Geistlichkeit!!

Schlimm ist's Schrupp dabei ergangen,
Weil er sich hineingemengt;

Mit dem Fuße unvermutet
Fühlt er sich zurückgedrängt.

Pater Luzi aber schleichet
Heimlich lauschend um das Haus.

Ein pechschwarzes Ei der Rache
Brütet seine Seele aus.

Gottlieb seine Abendsuppe
Stehet am gewohnten Ort. –

Husch! da steigt wer durch das Fenster;
Husch! jetzt ist er wieder fort.

Gottlieb, der im Nebenzimmer
Eben seine Hände wusch,
Sieht's zum Glück und daß der Täter

Lauschend sitzt im Fliederbusch.

Jetzt hebt Gottlieb, friedlich lächelnd,

Von dem Tisch den Suppentopf.

Bratsch! – die Brühe samt der Schale

Kommt Filuzi auf den Kopf.

Diese eklige Geschichte
Tut ihm in der Seele leid.

Ach, man will auch hier schon wieder
Nicht so wie die Geistlichkeit!!

Schrupp, der nur ein wenig leckte,
Zieht es alle Glieder krumm;

Denn ein namenloser Jammer
Wühlt in seinem Leib herum.

Pater Luzi, finster blickend,
Heimlich schleichend um das Haus,

Wählt zu neuem Rachezwecke
Zwo verwogne Lumpen aus. –

Einer heißt der Inter-Nazi
Und der zweite Jean Lecaq,

Alle beide wohl zu brauchen,
Denn es mangelt Geld im Sack.

Eben wandelt in der stillen
Abendkühle der Natur
Base Gelika im Garten –

Horch! da tönt der Racheschwur!

Tieferschrocken, angstbeflügelt,
Eilet sie ins Haus geschwind.
Gottlieb küßt sie auf die Backe:
„Danke sehr, mein gutes Kind!"

Schleunig sucht er seine Freunde,
Glücklich trifft er sie zu Haus.
Wächter Hiebel ist der erste,

Freudig ruft er: „Sabel raus!"

Meister Fibel, als der zweite,
Vielerprobt im Amt der Lehr,
Greift in die bekannte Ecke

Mit den Worten: „Knüppel her!"

Bullerstiebel ist der dritte. –
Kaum vernimmt er so und so,
Faßt er auch schon nach der Gabel
Mit dem Rufe: „Nu man to!"

Nun hat Schrupp, dieweil er leidend,
Sich in Gottliebs Bett gelegt,

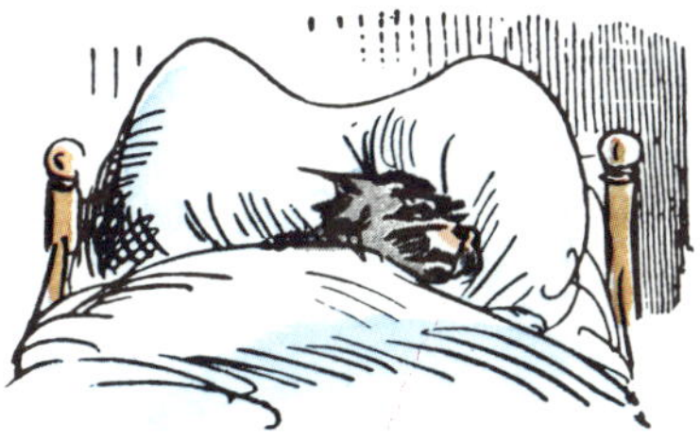

Wie er, wenn man nicht zugegen,
Auch wohl sonst zu tuen pflegt.

Zwölfe dröhnt es auf dem Turme. –
Leise macht man: Pistpistpist!

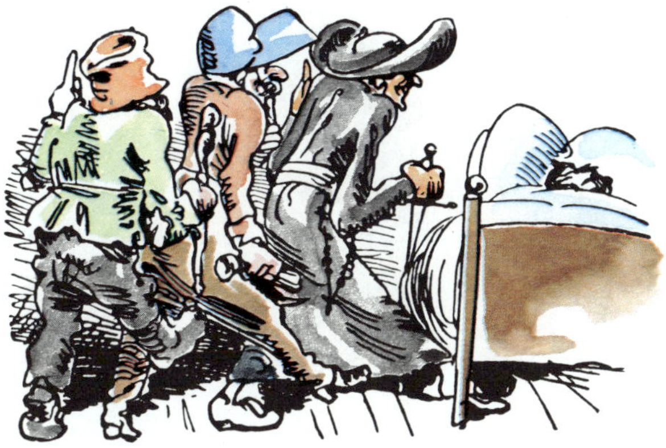

Drei Gestalten huschen näher
An das Bett voll Hinterlist.
Weh, jetzt trifft der Dolch, der spitze,
Und der Knüppel, dick und rauh,

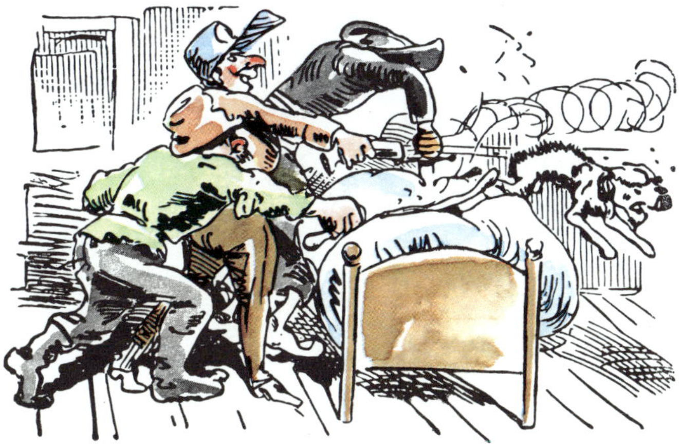

Und die Taschenmitraljöse –
Aber Schrupp macht: „Auwauwau!"
In demselbigten Momente
Donnert es von hinten: „Drauf!!"

Und ein blasser Todesschrecken
Hindert jeden Weiterlauf.

Pater Luzi ganz besonders
Macht sich ahnungsvoll bereit.

Ach, man will auch hier schon wieder
Nicht so wie die Geistlichkeit!!

Hei! wie Fibels Waffe sauset!

Heißa! wie der Sabel blitzt! –

Zwiefach ist der Stich der Gabel,

Weil sie zwiefach zugespitzt. –

Motten fliegen, Haare sausen;

Das gibt Leben in das Haus.

Hulterpulter! Durch das Fenster
Springt man in die Nacht hinaus.

Klacks! da stecken sie im Drecke.
Ängstlich zappelt noch der Fuß. –
Eine Stimme hört man klagen:
„O, Filu – Filucius!!“ –

„Kinder, das hat gut gegangen!“
Rufet Gottlieb hocherfreut;
„Wein herbei! Denn zu vermelden
Hab ich eine Neuigkeit.

Länger will ich nicht mehr hausen
Wie seither als Junggesell.

Hier Angelika, die gute,
Werde Madam Michael.“

Drauf ergreift das Wort Herr Fibel,
Und er spricht: „Eiei! Sieh da!
Ich erlaube mir zu singen:

Vivat Hoch! Halleluja!“

Man versteht diese allegorische Darstellung der kirchlichen Bewegung, welche sich im Anfang der 70er Jahre abspielte, wenn man für Gottlieb Michael den deutschen Michel, für Tante Petrine die römische, für Pauline die evangelische Kirche setzt; die Base Angelika ist dann die freie Staatskirche der Zukunft. Der Jesuit Filucius führt den Hund Schrupp, die demokratische Presse, ein und sucht mit seinen Helfershelfern, den Internationalen und den Franzosen, den Haushalt zu stören; dagegen ruft Michel Hiebel den Wehr-, Fibel den Lehr- und Bullerstiebel den Nährstand zu Hilfe, mit deren Unterstützung er auch die ganze unsaubere Wirtschaft zum Fenster hinauswirft.

Der

Geburtstag

oder

Die Partikularisten

Erstes Kapitel

Im weißen Pferd

Wer Bildung und Moral besitzt,
Der wird bemerken, daß anitzt
Fast nirgends mehr zu finden sei
Die sogenannte Lieb und Treu. –

Man sieht zuerst mit Angstgefühlen
Herunterfallen von den Stühlen
Die angestammten Landesväter –
Sodann, als kühler Hochverräter,
Zieht man die Tobaksdos' hervor,
Blickt sanft und seelenvoll empor,
Streckt sich auf weichem Kanapee,
Schlürft mit Behagen den Kaffee –
Und ist man so aufs neu erfrischt,
Dann denkt man: Na, die hat's erwischt!

So denkt der böse Mensch. – Jedoch
Es gibt auch gute Menschen noch. –

Zu Milbenau im weißen Pferd
Bei Mutter Köhm, die jeder ehrt,

Da sitzen, eng vereint und bieder,
Auch diesen Sonntagabend wieder

Nach altem Brauch im Freundschaftskreise
Die Männer und die Mümmelgreise.

„Et blivt nich so! – Et blivt nich so!!"
So murmelt jeder hoffnungsfroh. –

„Et schall nicht blieben ans et is!
Et schall weer weren anse süß!!

Un dat seg eck! Un dat seg eck!"
So spricht entschieden Meister Böck. –
Hierauf spricht lächelnd Krischan Stinkel
Und zwinkert mit dem Augenwinkel:

„Eck segge man, vor min Pläsier,
Gottlof! Wat is de Botter dür!!"

Dagegen ruft der lange Korte
Mit Zorneseifer diese Worte:

„Kreuzhimmeltausenddonnerwär,
Uns' olle König mot weer her!!"

Jetzt sieht sich Bürgermeister Mumm
Bedenklich nach der Seite um.

„Pist!!" – ruft er – „Ruhig, liebe Leut!
Seid untertan der Obrigkeit!!"
„Ja, aber man bis insoweit
Seggt unse olle Herr Pastor."
„Dat hat se seggt!!!" – So tönt's im Chor.

Hierauf, so wird es etwas stille,
Und grad kommt Herr Aptheker Pille.

„Ihr Leute, daß ich's bloß man sage!
Denn morgen ist der Tag der Tage,
Da er geboren, der – – ihr wißt! – –"

„Ja ja, so ist't! Ja ja, so ist't!!"
„Nun ist Euch allen wohlbekannt
Der Busenfreund, den ich erfand,

Der segensreiche Labetrank,
Der, sei man munter oder krank,
Erwärmend dringt bei hoch und nieder
Durch Kopf, Herz, Magen und die Glieder
Wie wär es, hochverehrte Freunde,
Wenn man im Namen der Gemeinde
Ein Dutzend Flaschen oder so – –"
„Ja ja, man to! Ja ja, man to!!"
So tönt es laut im treuen Kreise
Der Männer und der Mümmelgreise.
Und jeder ruft: „He, Mutter Köhmen!
Up düt will wi noch Einen nöhmen!!"

Gesagt, getan. – Für Mutter Köhm
Ist dies natürlich angenehm.

Zweites Kapitel

Nächtliche Politik

In seinem Bett um Mitternacht,
Voll Sorgen, die er sich gemacht,
Liegt hier des Dorfes Bürgermeister.

Die aufgestörten Lebensgeister
Befassen sich beim Kerzenlichte
Noch immer mit der Weltgeschichte,
Wie sie getreu vermeldet hat
Das angestammte Wochenblatt;
Daß nämlich, wie die Sachen liegen,

Die Preußen nächstens Schläge kriegen. –

Nur einer macht ihm stilles Graun –

Der Bismarck, dem ist nicht zu traun!

So liegt er da und ballt die Rechte
Und täte gerne, was er möchte;

Bis ihn in Schlummer wiegt um eins
Der Genius des Branntsweins. –

Na, na! Das gibt noch ein Malör! –
Die Zipfelkappe neigt sich sehr. –

Es kommen in Berührung fast

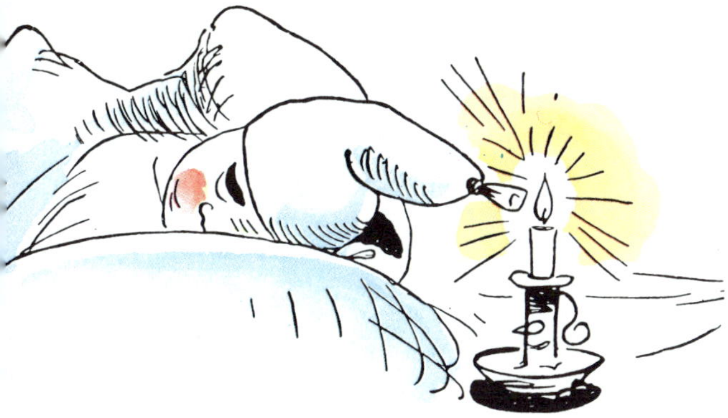

Die Flamme und der Mützenquast. –

Schon brennt der Zipfel wie ein Licht.
Die Obrigkeit bemerkt es nicht. –

Bald aber dringt die Glut und Hitze

Zum schlummernden Gedankensitze. –
Potzsapperment: hier heißt es schnelle!

Die Kopfbedeckung leuchtet helle
Kreuzdunnerschlag! Ich dacht es ja!

's ist wieder mal kein Wasser da!!

In Ängsten findet manches statt,
Was sonst nicht stattgefunden hat.

Da liegt die Mütze sehr versehrt.
Das Haar ist meistens weggezehrt. –

Doch kann ein Sacktuch auch zuzeiten
In kühler Nacht das Haupt bekleiden;
Nur hat sodann die Zippelmütze
Vier Spitzen statt der einen Spitze.

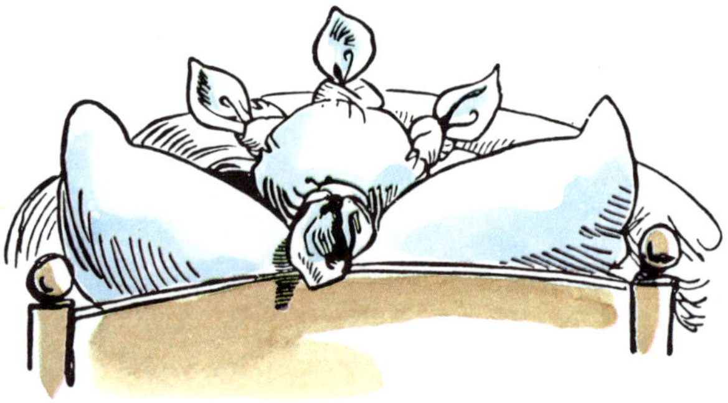

Drittes Kapitel

Der Busenfreund

Es war ein schönes Morgenrot.
Die Hähne krähn, es dampft der Schlot.
Schon hörte man wie Müseling,
Der Kuhhirt, an zu tuten fing.
Und jeder holet aus dem Stalle
Bei lustigem Trompetenschalle
Die krummgehörnten Buttertiere,
Daß Müseling sie weiter führe.

Wer auch schon munter, das ist Pille.
Er bürstet seine Sonntagshülle.

Und rüstet sich beizeiten schon
Zu seiner hohen Staatsmission.

Allhier im Korbe, eng vereint,
Sind zwanzig Flaschen Busenfreund.
Und hier der Nachbar Fritze Jost
Befördert sie zur nächsten Post.

„Nur ja recht sachte und gemach!"
Ruft Pille – „Gleich, gleich komm ich nach!"

Schon hinter Meiers alter Planke

Kommt Fritze Josten ein Gedanke.

Verlockend ist der äußre Schein.

Der Weise dringet tiefer ein.

Hier trägt er neugestärkt und heiter

Die süße Bürde emsig weiter.
Doch allbereits an Müllers Hecke

Verweilt er zu demselben Zwecke.
Bald treibt ein süßes Hochgefühl

Ihn weiter fort zu seinem Ziel.

Nur an der ernsten Kirchhofsmauer

Nimmt er es noch einmal genauer.

Zum Schlusse sieht er sich genötigt
Hinwegzuschaffen, was erledigt. –

Nun aber zeigt er sich alsbald
Als eine schwankende Gestalt,

Die an der Mauer festbegründet

Bis jetzt noch eine Stütze findet.

Indessen bald so fehlt die Stütze –
Der Busenfreund rinnt in die Pfütze. –

Mit viel Geschrei in einer Reih
Kommt eine Gänseschar herbei.

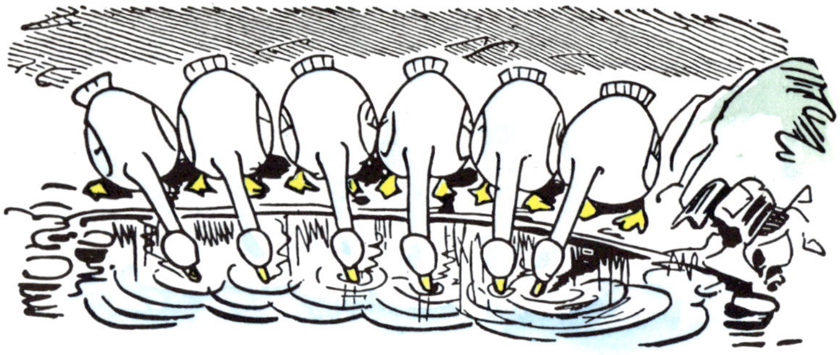

Als nun die Schnabelei begann,
Schaut eine Gans die andre an.

Sie tauchen froh nach kurzer Zeit

Sich tiefer in die Süßigkeit,

Derweil die Frösche schnell und grün
Aus tiefem Grund ans Ufer fliehn. –

Grad kommen, denn es ist halb neune,
Der Schweinehirt und seine Schweine.
Nun wird es lustig allerseits,

Die Gänse wackeln schon bereits.

Dem Hirt sein Bock fängt an zu springen,
Die Schweine wälzen sich und singen.

Viel Kurzweil treibt man anderweitig
Sowohl allein wie gegenseitig.

Jetzt eilt die Bauernschaft herbei
Und wundert sich, was dieses sei.

Bald ist auch Pille reisefertig
Bei diesem Schauspiel gegenwärtig.

Zuerst erfaßt zu aller Schreck
Der Ziegenbock den Meister Böck.

Auf seinem zackigen Gehörne
Trägt er denselben in die Ferne.

Der Bürgermeister, ängstlich blau,
Bewegt sich fort auf Kanters Sau.

Jetzt kommen, Pille in der Mitten,
Zwei alte Weiber angeritten.

Herr Pille aber wird zuletzt
Vor einer Stalltür abgesetzt.

Hierbei verlieret seinen Glanz
Der schöne Sonntagsschwalbenschwanz. –

Als man hierauf verwundersam
In einem Kreis zusammenkam,
Da hieß es: „Kommt na Mutter Köhmen,
Up düt da will wi Einen nöhmen!!“

Gesagt, getan! – Für Mutter Köhm
Ist dies natürlich angenehm.

Viertes Kapitel

Die Eier

Das weiß ein jeder, wer's auch sei,
Gesund und stärkend ist das Ei –
Nicht nur in allerlei Gebäck,
Wo es bescheiden im Versteck;
Nicht nur in Saucen ist's beliebt,
Weil es denselben Rundung gibt;
Nicht eben dieserhalben nur –
Nein, auch in leiblicher Statur,
Gerechtermaßen abgesotten,
Zu Pellkartoffeln, Butterbrotten,
Erregt dasselbe fast bei allen
Ein ungeteiltes Wohlgefallen;
Und jeder rückt den Stuhl herbei
Und spricht: Ich bitte um ein Ei! –
Daß dieses wahr, das fühlte klar
Sogar die treue Bauernschar. –

Der Plan mit Pillens Busenfreund,
So wohlbedacht, so gut gemeint –
Man kann wohl sagen – ist mißraten,
Doch Treue sinnt auf neue Taten. –
Denn daß zu diesem hohen Tage
Etwas geschieht, ist keine Frage. –
Der sanfte Johann Heinrich Dreier,
Der sprach: „Wo dünket jük de Eier?"
„Kein besser Ding vor diesen Zweck!"
Rief Schneider Böck – „Und dat seg eck!"
„Ick ok!" – schreit Korte – „Dunnerschlag!
Keen Minsche, de nich Eier mag!"
Und alle riefen laut und froh:
„Ja ja, man to! Ja ja, man to."

Bald ist im Dorfe weit und breit
Mann, Weib und Kind in Tätigkeit,
Um zu den obgedachten Zwecken
In Scheunen, Ställen und Verstecken,

In unwirtsamen, dunklen Ecken
Des Huhnes Eier zu entdecken. –

Die Hühner machen groß Geschrei;
Denn auch das Huhn verehrt das Ei,
Was es im stillen treu gelegt
Und gerne weiter hegt und pflegt,
Bis nach den vorgeschriebnen Wochen
Ein Pieperich hervorgekrochen. –
Jedoch nicht jedes ist so gut. –
Es gibt auch welche, die die Brut
Treulos verlassen – und so eins
Ist leider Krischan Stinkel seins. –

„Du wutt nich sitten, Lork?" denkt Stinkel
Und zwinkert mit dem Augenwinkel –
„Na, denn loop hen! Na, denn man to!
Ok recht! Ick weit wohl, wat ick do!!"

Nachdem er so in seiner Mütze
Die Eier, daß er sie benütze,

Mit etwas Häckerling vermengt,
Behutsam leise eingezwängt,
Trägt er dieselben zu dem Orte,
Wo dieses Mal der lange Korte,
Der ehedem und hierzuvor
Gestanden bei dem Gardekorps,
Die Gaben gern entgegennimmt.
Ja, dieser Korte ist bestimmt,
Als Ehrenpreis und Biedermann,
Der so etwas am besten kann,
Begleitet von zwei Ehrendamen,
Natürlich in Gemeinde Namen,
Das Festgeschenk noch diesen Morgen
An hoher Stelle zu besorgen.

Hier steht die Kutsche vom Pastor,

Und Kortens Ochse steht davor.

Daneben stehet Kortens Sohn. –
Zwei Stunden ist's zur Bahnstation. –

Mit Vorsicht wird zuerst placiert
Der Eierkorb, wie sich's gebührt.

Sogleich nach diesem, wie sich's schickt,

Die Ehrenjungfern, reich geschmückt.

Mit Ruh und Würde und zuletzt
Hat Korte sich hineingesetzt.

„Nu, Kunrad, jüh! Wi wünschet Glücke!!“ –
Nicht weit davon ist eine Brücke.

Es rutscht das Rad. – Herrje! Schrumbum!
Da fällt die alte Kutsche um. –

Bestürzt ist jedes Angesicht.
Wie's drinnen ist, das weiß man nicht.

Nun hebt nach oben, ohne Worte,
Sich Korte aus der Kutschenpforte.

Nun kommt ein Ehrenjungfernbild,
In Eigelb merklich eingehüllt.

O weh! Es fehlt noch immer eine –

Gottlob! Hier sieht man ihre Beine! –

Die Jungfern und der Ehrengreis
Sind alle drei ganz gelb und weiß.

Man ist bemüht, sie abzuwischen. –
„Puh!“ – hieß es – „Hier sind fule twischen!!“

Hier schlich beiseite Krischan Stinkel
Und zwinkert mit dem Augenwinkel

Und spricht zu seiner Frau Christine:
„De fulen, Stine, dat sind mine!!“ –

Als man darauf verwundersam
In einem Kreis zusammenkam,
Da hieß es: „Kommt na Mutter Köhmen!
Up düt, da möt wi Einen nöhmen!!“

Gesagt, getan. – Für Mutter Köhm
Ist dies natürlich angenehm. –

Fünftes Kapitel

Die Butterhenne

Das wäre also auch mißraten.
Doch ist's noch Zeit zu neuen Taten. –

Hierauf bezüglich mit Gefühl,
Sprach Herr Adjunktus Klingebühl:
„Geliebte! So wie ich erachte,
Indem ich diesen Fall betrachte,
Bedenke, prüfe, überlege
Und mit Bedachtsamkeit erwäge –
So ist gewiß für treue Liebe
Und sonsten eingepflanzte Triebe
Das schönste Beispiel so ich kenne,
Das Mutterhuhn, genannt die Henne. –
Ich weiß nicht, ob Ihr dieses wißt – –"
„Ja, ja!" – rief jeder – „Ja, so ist's!!"
„– – – – Nun wohl!
So lasse man, als ein Symbol,
Durch unsern Bäcker und Konditer –
Ich meine hier Herrn Knickebieter –
Aus Butter und dergleichen Sachen
Ein Ebenbild der Henne machen." –
„Ja, ja!" – rief jeder laut und froh –
„Ja ja! man to! Ja ja! man to!"

Bald im Dorfe weit und breit
Manch treues Weib in Tätigkeit,
Die Butter durch ein rastlos Wälzen

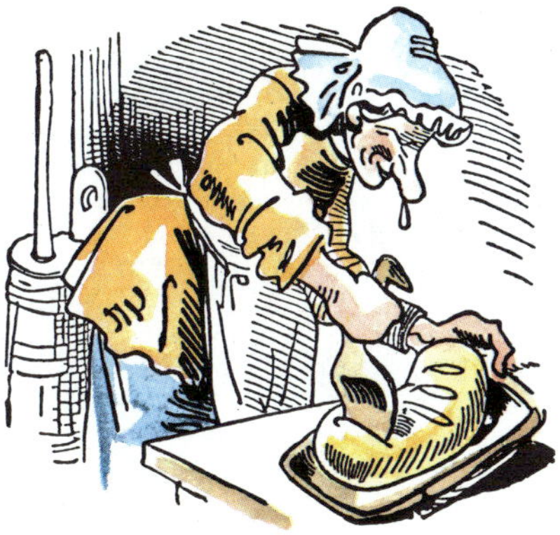

Und Kneten innig zu verschmelzen.
Und alle diese schöne Butter
Legt freudig Tochter oder Mutter

Als eine tiefempfundne Spende
In Knickebieters Künstlerhände.

Mit Freuden tut er sie begucken
Und denkt: „Das ist ein schöner Hucken!"

Sogleich, nachdem er sich geschneuzt,

Wird er zum Schaffen angereizt.

„Sieh, sieh! Da ist ja eine bei,
Die innen voll Kartoffelbrei.
Oh!" – sprach er – „O du alter Schlinkel,
Die ist gewiß von Krischan Stinkel!!"

Zuerst mit großem Vorbedacht
Wird Kopf und Leib und Schwanz gemacht.

Die Augen macht man mit dem Daumen
Vermittelst zwo gedörrter Pflaumen.

Als Schnabel wird die rote Rüben
Zweckmäßig in den Kopf getrieben.

Nun wirft man mit geheimer Wonne
Den Überrest in seine Tonne.
Nicht übel! Nur erscheint mir bloß
Das ganze Bildnis etwas groß.

Noch mal gemacht! – Und zwei Rosinen
Die können auch als Augen dienen.

Und, da das Ganze ein Symbol,
So kann's nicht schaden, wenn es hohl.

Und wieder mit geheimer Wonne
Wirft er, was übrig, in die Tonne.

Er steht und sieht sein Werk von ferne
Und spricht: „Na, so hab ich dich gerne!"

Er schafft die Tonne fort verstohlen.
Man kommt, die Glucke abzuholen.

„Willkommen! Eure Meinung bitt ich!"
„Gott ja! Man bloß 'n beten lüttich!"

Der Wagen steht und wartet schon. –
Der Bürgermeister in Person
Wird dieses Mal (und zwar allein)
Der Fest- und Ehrenbote sein.

Bei jedem ist die Freude groß,
Denn gleich geht die Geschichte los.
Und jeder ruft: „Wi wünschet Glücke!" –

Den Gaul umschwirrt die Stachelmücke.

„Oha!" schrie alles voller Not –
„Herrgott! He sit de Glucken dot!"

Er sitzt am Boden sehr erschreckt.
Das Festgeschenk ist fast verdeckt.

Du liebe Zeit! Welch' ein Malör!
Man kennt das schöne Bild nicht mehr.

Sechstes Kapitel

Finale

Die Zeit ist um, der Tag vergeht.
Für dieses Jahr ist es zu spät.
Und stumm und in sich selbst gekehrt

Begibt man sich ins weiße Pferd. –
„Ja ja! De Botter de is dür!"
Sprach Krischan Stinkel, als man hier. –
„Nu is't to late!" – meinte Böck –
„Ich schäme mir vor diesen Zweck!"
„Dat hat Aptheker Pille schuld!"
Schrie Korte voller Ungeduld.
„Da muß ich bitten! Liebster Bester!"
„Ne – Korte!" – „ne – de Burgemester!"

So schrie man laut und fürchterlich.

Der Tisch fällt um. Man prügelt sich. –

Als man hierauf verwundersam
In einem Kreis zusammenkam,

Da hieß es: „Heda, Mutter Köhmen!
Up düt da will wi Einen nöhmen!!"

Gesagt, getan. –

Für Mutter Köhm
War alles dieses angenehm.

Dideldum!

Individualität

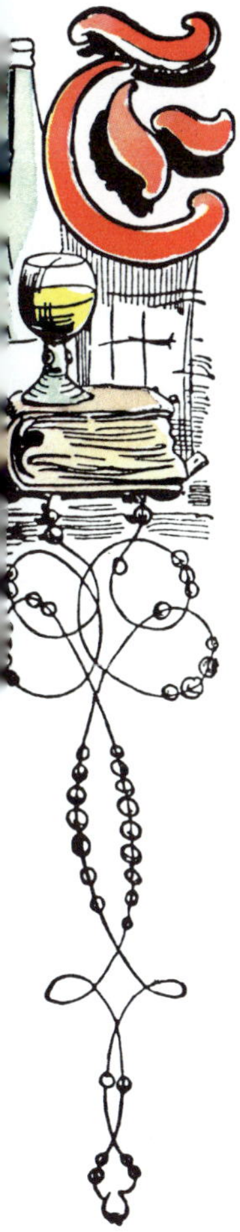

Es ist mal so, daß ich so bin.
Weiß selber nicht warum.
Hier ist die Schenke. Ich bin drin
Und denke mir: Dideldum!

Daß das so ist, das tut mir leid
Mein Individuum
Hat aber mal die Eigenheit,
Drum denk ich mir: Dideldum!

Und schaut die Jungfer Kellnerin
Sich auch nach mir nicht um;
Ich weiß ja doch, wie schön ich bin,
Und denke mir: Dideldum!

Und säße einer da abseit
Mit Knurren und Gebrumm
Und meint, ich wäre nicht gescheit,
So denk ich mir: Dideldum!

Doch kommt mir wer daher und spricht,
Ich wäre gar nicht frumm
Und hätte keine Tugend nicht,
Das nehm ich krumm. – Dideldum!

Wankelmut

Was bin ich alter Bösewicht
So wankelig von Sinne.
Ein leeres Glas gefällt mir nicht,
Ich will, daß was darinne.

Das ist mir so ein dürr Geklirr;
He, Kellnerin, erscheine!
Laß dieses öde Trinkgeschirr
Befeuchtet sein vom Weine!

Nun will mir aber dieses auch
Nur kurze Zeit gefallen;
Hinunter muß es durch den Schlauch
Zur dunklen Tiefe wallen. –

So schwank ich ohne Unterlaß
Hinwieder zwischen beiden.
Ein volles Glas, ein leeres Glas
Mag ich nicht lange leiden.

Ich bin gerade so als wie
Der Erzbischof von Köllen,
Er leert sein Gläslein wuppheidi
Und läßt es wieder völlen.

Trinklied

Gestern ging ich wieder mal

In die Schenke schnelle,
Wie der durst'ge Pilgersmann
Eilt aus der Kapelle.
Alldieweil der Durst so groß,
Trink ich etwas eil'ger
Und erglänze alsobald

Wie ein neuer Heil'ger.
Wie der Pater Gabriel
Werd ich allnachgrade;

Zwicke schon der Kellnerin
Listig in die Wade. –

Beim Getränke lieb ich mir
So ein Spiel ein kleines;

Ach, mein Geld ist hin wie einst
Kozmianen seines.

Da der Wirt auf Zahlung dringt,
Fang ich an zu tosen.
Drauf ergeht's mir wie dem Erz-
Bischof hint in Posen.

Meinen Rock verwahrt der Wirt
Und die Schelle zieht er:

„Heda, Hausel! Schiebe fort
Diesen Jesuiter!"

Als ich auf der Gasse lag,
Schlägt die Glocke zwölfe,
Und ich grolle tiefempört
Wie ein alter Welfe.

Gleich so fragt mich ein Gendarm,
Was ich hier bezweckte.
Keine Auskunft geben wir
Seminarpräfekte!

Darum sitz ich heut im Loch. –
Ach! Und dieser Kater!
Fluchend geh ich auf und ab
Wie ein heil'ger Vater.

Anleitung zu historischen Porträts

I

Zum Beispiel machen wir zum Spaß

Mal erstens das!

Dann zweitens zur Erheiterung

Kommt dieses als Erweiterung.

Zum dritten, wie auch zum Vergnügen,

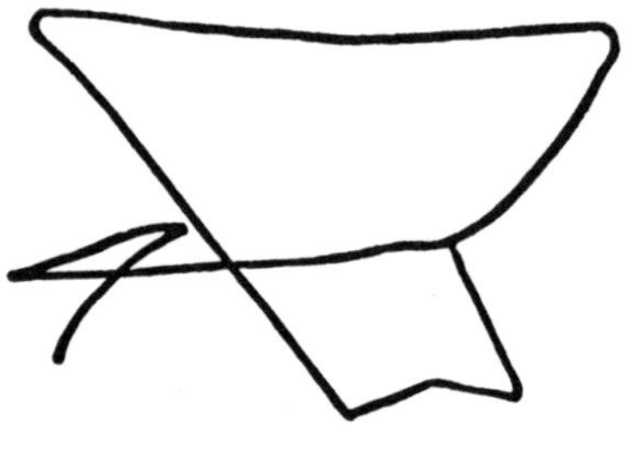

Ist folgendes hinzuzufügen.

Hierauf noch viertens mit Pläsier

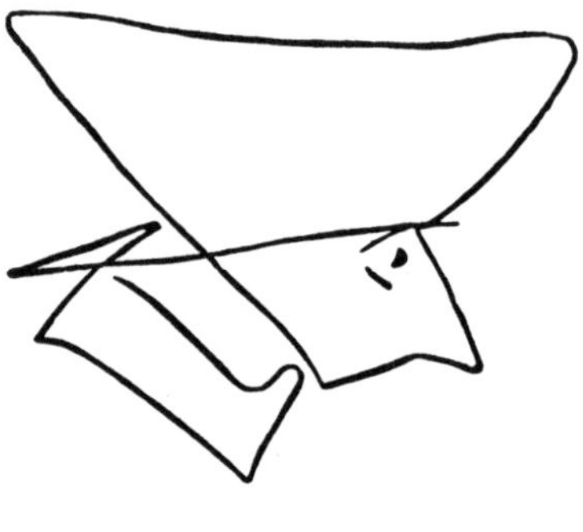

Gelangen wir zu diesem hier.

Zum Schluß noch dieses! – Ei Potzblitz!

Da haben wir den Alten Fritz.

II

Mach still und froh

mal so

und so,

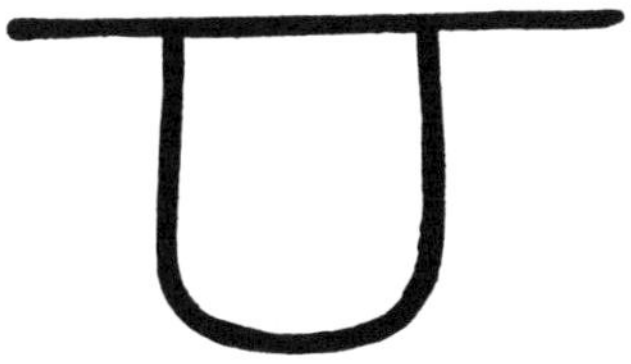

Gleich steht er do

bei Austerlitz

und Waterloo.

III

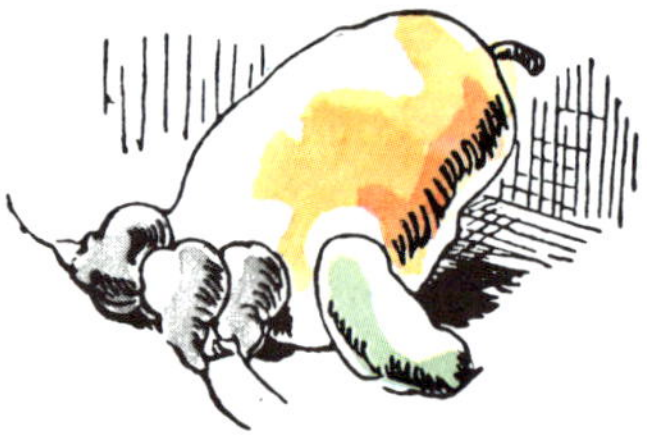

Gesetzt, daß dies ein Kürbis sei,
Eine Gurke und drei Radi dabei;

So wär's nicht übel, sollt ich meinen,
Kürbis und Gurke zu vereinen;

Denn setzen wir jetzt die Radi dran,
So haben wir noch einen großen Mann.

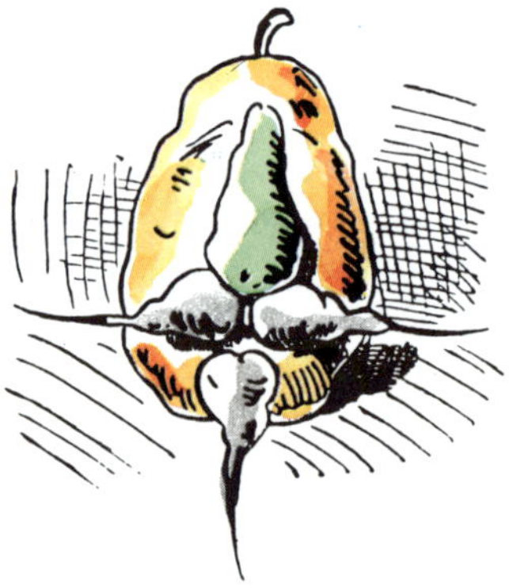

Idiosynkrasie

Der Tag ist grau. Die
Wolken ziehn.
Es saust die alte Mühle.
Ich schlendre durch das
feuchte Grün.
Und denke an meine
Gefühle.

Die Sache ist mir nicht
genehm.
Ich ärgre mich fast darüber.
Der Müller ist gut;
trotz alledem
Ist mir die Müllerin
lieber.

Summa Summarum

Sag, wie wär es, alter Schragen,
Wenn du mal die Brille putztest,
Um ein wenig nachzuschlagen,
Wie du deine Zeit benutztest.

Oft wohl hätten dich so gerne
Weiche Arme warm gebettet;
Doch du standest kühl von ferne
Unbewegt, wie angekettet.

Oft wohl kam's, daß du die schöne
Zeit vergrimmtest und vergrolltest,
Nur weil diese oder jene
Nicht gewollt, so wie du wolltest.

Demnach hast du dich vergebens
Meistenteils herumgetrieben;
Denn die Summe unsres Lebens
Sind die Stunden, wo wir lieben.

Dilemma

Das glaube mir – so sagte er –
Die Welt ist mir zuwider,
Und wenn die Grübelei nicht wär,
So schöß ich mich darnieder.

Was aber wird nach diesem Knall
Sich späterhin begeben?
Warum ist mir mein Todesfall
So eklig wie mein Leben?

Mir wäre doch, potzsapperlot,
Der ganze Spaß verdorben,
Wenn man am Ende gar nicht tot,
Nachdem daß man gestorben.

Der Maulwurf

In seinem Garten freudevoll

Geht hier ein Gärtner namens Knoll.

Doch seine Freudigkeit vergeht;

Ein Maulwurf wühlt im Pflanzenbeet.

Schnell eilt er fort und holt die Hacke,
Daß er den schwarzen Wühler packe.

Jetzt ist vor allem an der Zeit
Die listige Verschwiegenheit.

Aha! Schon hebt sich was im Beet,
Und Knoll erhebt sein Jagdgerät.

Schwupp! Da – und Knoll verfehlt das Ziel.
Die Hacke trennt sich von dem Stiel.

Das Instrument ist schnell geheilt;
Ein Nagel wird hineingekeilt.

Und wieder steht er ernst und krumm
Und schaut nach keiner Seite um.

Klabumm! So krieg die Schwerenot! –
Der Nachbar schießt die Spatzen tot.

Doch immerhin und einerlei!
Ein Flintenschuß ist schnell vorbei.

Schon wieder wühlt das Ungetier.
Wart! – denkt sich Knoll – Jetzt kommen wir.

Und schwingt die Hacke voller Hast –
Radatsch! – o schöner Birnenast!

Die Hacke ärgert ihn doch sehr,
Drum holt er jetzt den Spaten her.

Nun, Alter, sei gescheit und weise,
Und mache leise, leise, leise!

Schnarräng!! – Da tönt ihm in das Ohr
Ein Bettelmusikantenchor.

Musik wird oft nicht schön gefunden,
Weil sie stets mit Geräusch verbunden.

Kaum ist's vorbei mit dem Trara,
So ist der Wühler wieder da.

Schnupp' dringt die Schaufel, wie der Blitz,
Dem Maulwurf unter seinen Sitz.

Und mit Hurra in einem Bogen
Wird er herauf ans Licht gezogen.

Aujau! Man setzt sich in den Rechen
Voll spitzer Stacheln, welche stechen.

Und Knoll zieht für den Augenblick
Sich schmerzlich in sich selbst zurück.

Schon hat der Maulwurf sich derweil
Ein Loch gescharrt in Angst und Eil.

Doch Knoll, der sich emporgerafft,
Beraubt ihn seiner Lebenskraft.

Da liegt der schwarze Bösewicht.
Und wühlte gern und kann doch nicht;
Denn hinderlich, wie überall,
Ist hier der eigne Todesfall.

Romanze

Es war einmal ein Schneiderlein
Mit Nadel und mit Scher,
Der liebt ein Mädel hübsch und fein
So sehr, ach Gott, so sehr.

Er kam zu ihr in später Stund
Und red't so hin und her,
Ob er ihr etwa helfen kunnt
Mit Nadel und mit Scher.

Da dreht das Mädel sich herum!
„O je, o jemine!
Deine Nadel ist ja schon ganz krumm,
Geh geh, mein Schneider, geh!"

Der Schneider schrie: „Du falsche Dirn,
Hätt ich Dich nie gekannt!"
Er kauft sich einen Faden Zwirn

Und hängt sich an die Wand.

Die Kirmes

Fest schlief das gute Elternpaar
Am Abend, als es Kirmes war.

Der Vater hält nach seiner Art
Des Hauses Schlüssel wohl verwahrt;
Indem er denkt: Auf die Manier
Bleibt mein Herminchen sicher hier! –

Ach lieber Gott, ja, ja, so ist es!
Nicht wahr, ihr guten Mädchen wißt es:
Kaum hat man was, was einen freut,
So macht der Alte Schwierigkeit!

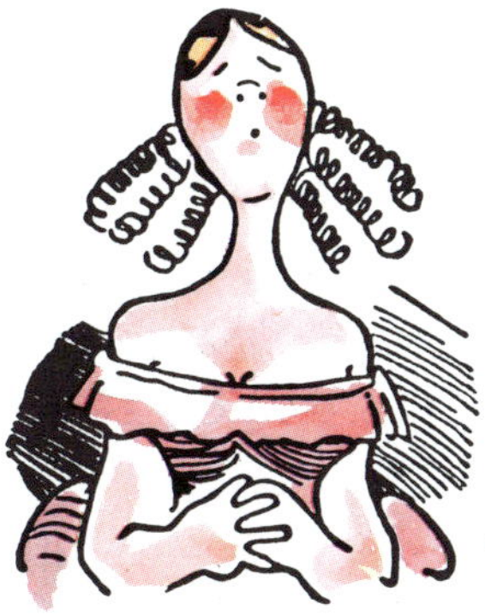

Hermine seufzt. –

Dann denkt sie: Na!
Es ist ja noch das Fenster da!

Durch dieses eilt sie still behende,

Hierauf hinab am Weingelände

Und dann durchs Tor voll frohen Drangs
Im Rosakleid mit drei Volangs. –

Grad rüsten sich zum neuen Reigen
Rumbumbaß, Tutehorn und Geigen.

Tihumtata humtata humtatata!
Zupptrudiritirallala rallalala!

's ist doch ein himmlisches Vergnügen,
Sein rundes Mädel herzukriegen
Und rund herum und auf und nieder
Im schönen Wechselspiel der Glieder

Die ahnungsvolle Kunst zu üben,
Die alle schätzen, welche lieben. –

Hermine tanzt wie eine Sylphe,
Ihr Tänzer ist der Forstgehilfe. –

Auch dieses Paar ist flink und niedlich,
Der Herr benimmt sich recht gemütlich.

Hier sieht man zierliche Bewegung,
Doch ohne tiefre Herzensregung.

Hingegen diese, voll Empfindung,
Erstreben herzliche Verbindung.

Und da der Hans, der gute Junge
Hat seine Grete sanft im Schwunge;

Und inniglich, in süßem Drange,
Schmiegt sich die Wange an die Wange;

Und dann mit fröhlichem Juchhe,
Gar sehr geschickt, macht er Schaßeh.

Der blöde Konrad steht von fern
Und hat die Sache doch recht gern.

Der Konrad schaut genau hinüber.
Die Sache wird ihm immer lieber.

Der Konrad leert sein fünftes Glas,
Die Schüchternheit verringert das.

Flugs engagiert er die bewußte
Von ihm so hochverehrte Guste.

Die Seele schwillt, der Mut wird groß,
Heidi! Da saust der Konrad los.

Zu große Hast macht ungeschickt. –
Hans kommt mit Konrad in Konflikt.

Und – hulterpulter rumbumbum! –
Stößt man die Musikanten um.

Am meisten litt das Tongeräte. –
Und damit ist die schöne Fete
Zu jedermanns Bedauern aus. –

Hermine eilt zum Elternhaus
Und denkt, wie sie herabgekommen,
Auch wieder so hinauf zu kommen.

O weh! Da bricht ein Stab der Reben.
Nun fängt Hermine an zu schweben.

Die Luft weht kühl. Der Morgen naht. –
Die gute Mutter, welche grad,

Das Waschgeschirr in allen Ehren
Gewohntermaßen auszuleeren,

Das Fenster öffnet, sieht mit Beben
Herminen an der Stange schweben.
Und auch die Jugend, die sich sammelt,
Ist froh, daß da wer bimmelbammelt.

Doch sieh, da zeigt der Vater sich
Und schneidet weg, was hinderlich.

Und mit gedämpftem Schmerzenshauch
Senkt sie sich in den Rosenstrauch.

Der Zylinder

Josephitag ist, wie du weißt,
Ein Fest für den, der Joseph heißt.

Drum bürstet, weil er fromm und gut,
Auch dieser Joseph seinen Hut

Und macht sich überhaupt recht schön
Wie alle, die zur Metten gehn.

Hier geht er aus der Türe schon
Und denkt an seinen Schutzpatron. –

Heraußen weht nicht sehr gelind
Von Osten her ein kühler Wind,
So daß die beiden langen Spitzen,
Die hinten an dem Fracke sitzen,
Mit leichtem Schwunge sich erheben
Und brüderlich nach Westen streben. –

Jetzt kommt die Ecke.

Immer schlimmer
Weht hier der Wind. – Ein Frauenzimmer,
Obschon von Wuchse schön und kräftig,
Ist sehr bewegt und flattert heftig,
So daß man wohl bemerken kann – –

O Joseph, was geht dich das an?

Ja, siehst du wohl, das war nicht gut!
Jetzt nimmt der Wind dir deinen Hut!
Schnell legt der Joseph sein Brevier
Auf einen Stein vor einer Tür,

Um so erleichtert ohne Weilen
Dem schönen Flüchtling nachzueilen.

O weh, da trifft und faßt ihn grad,
Doch nur am Rand, ein Droschkenrad.

Jetzt eilt er wieder schnell und heiter
In schönen Kreisen emsig weiter,
Und Joseph eilet hinterdrein.

Hopsa! Da liegt ja wohl ein Stein.

Wutschi – Der Joseph liegt im Saft.

Der Hut entfernt sich wirbelhaft.

Dies sieht aus frohem Hintergrund
Ein alter Herr mit seinem Hund,

Und grade kommen auch daher
Die andern frommen Josepher
Und denken sich mit frohem Graus:
Wie schauderbar sieht Joseph aus!

Und Josephs Hut, wo wäre der,
Wenn der Soldat allhier nicht wär
Und nicht mit seinem Bajonett

Ihn mutig aufgehalten hätt. –

Nun hat ihn doch der Joseph wieder. –

Stolz geht der Krieger auf und nieder. –
Der Joseph aber schaut geschwind,
Wo seine andern Sachen sind.

Gottlob, sie sind noch alle dort. –
Der Herr mit seinem Hund geht fort,

Und Joseph schreitet auch nach Haus. –
Er sieht nicht mehr so stattlich aus.

Und muß nun leider
dessentwegen
Privatim seiner
Andacht pflegen

Drum soll man nie
bei Windeswehen
Auf weibliche
Gestalten sehen.

Trübe Aussicht

Nein, höre mal! – so sprach mein Vetter –
Es wirkt doch nicht erhebend aufs Gemüt,
Wenn man bei Regenwetter

So etwas sieht.

Tobias Knopp. Erster Teil

Abenteuer

eines

Junggesellen

Die Sache wird bedenklich

Sokrates, der alte Greis,
Sagte oft in tiefen Sorgen:
„Ach, wieviel ist doch verborgen,
Was man immer noch nicht weiß."

Und so ist es. – Doch indessen
Darf man eines nicht vergessen:
Eines weiß man doch hienieden,
Nämlich, wenn man unzufrieden. –

Dies ist auch Tobias Knopp,

Und er ärgert sich darob.

Seine zwei Kanarienvögel,

Die sind immer froh und kregel,
Während ihn so manches quält,
Weil es ihm bis dato fehlt.

Ja, die Zeit entfliehet schnell;
Knopp, du bist noch Junggesell! –

Zwar für Stiefel, Bett, Kaffee
Sorgt die gute Dorothee;
Und auch, wenn er dann und wann
Etwas nicht alleine kann,

Ist sie gleich darauf bedacht,
Daß sie es zurechte macht.
Doch ihm fehlt Zufriedenheit. –

Nur mit großer Traurigkeit
Bleibt er vor dem Spiegel stehn,

Um sein Bildnis zu besehn.
Vornerum ist alles blank;
Aber hinten, Gott sei Dank!
Denkt er sich mit frohem Hoffen,
Wird noch manches angetroffen.

Oh, wie ist der Schreck so groß!

Hinten ist erst recht nichts los;

Und auch hier tritt ohne Frage
Nur der pure Kopf zu Tage. –

Auch bemerkt er außerdem,
Was ihm gar nicht recht bequem,

Daß er um des Leibes Mitten
Längst die Wölbung überschritten,
Welche für den Speiseschlauch,
Bei natürlichem Gebrauch,
Wie zum Trinken, so zum Essen,
Festgesetzt und abgemessen. –
Doch es bietet die Natur
Hierfür eine sanfte Kur.

Draußen, wo die Blumen sprießen,
Karrelsbader Salz genießen
Und melodisch sich bewegen,
Ist ein rechter Himmelssegen;
Und es steigert noch die Lust,
Wenn man immer sagt: du mußt.

Knopp, der sich dazu entschlossen,

Wandelt treu und unverdrossen.

Manchmal bleibt er sinnend stehn,

Manchmal kann ihn keiner sehn.

Aber bald so geht er wieder
Treubeflissen auf und nieder. –

Dieses treibt er vierzehn Tage;
Darnach steigt er auf die Waage,

Und da wird es freudig kund:
Heißa, minus zwanzig Pfund!

Wieder schwinden vierzehn Tage,
Wieder sitzt er auf der Waage,
Autsch, nun ist ja offenbar

Alles wieder, wie es war.

Ach, so denkt er, diese Welt
Hat doch viel, was nicht gefällt.

Rosen, Tanten, Basen, Nelken
Sind genötigt zu verwelken;

Ach – und endlich auch durch mich
Macht man einen dicken Strich.
Auch von mir wird man es lesen:
Knopp war da und ist gewesen.
Ach, und keine Träne fließt
Aus dem Auge, was es liest;
Keiner wird, wenn ich begraben,
Unbequemlichkeiten haben;
Keine Seele wird geniert,
Weil man keinen Kummer spürt.
Dahingegen spricht man dann:
Was geht dieser Knopp uns an?

Dies mag aber Knopp nicht leiden;
Beim Gedanken, so zu scheiden
In ein unverziertes Grab,
Drückt er eine Träne ab.
Sie liegt da, wo er gesessen,

Seinem Schmerze angemessen.

Dieses ist ja fürchterlich.
Also, Knopp, vermähle dich.
Mach dich auf und sieh dich um,
Reise mal 'n bissel rum.
Sieh mal dies und sieh mal das,
Und paß auf, du findest was.

Einfach ist für seine Zwecke
Das benötigte Gepäcke;

Und die brave Dorothee
Ruft: Herr Knopp, nanu adjeh!

Eine alte Flamme

Allererst und alsofort
Eilet Knopp an jenen Ort,
Wo sie wohnt, die Wohlbekannte,
Welche sich Adele nannte;
Jene reizende Adele,
Die er einst mit ganzer Seele
Tiefgeliebt und hochgeehrt,
Die ihn aber nicht erhört,
So daß er, seit dies geschah,

Nur ihr süßes Bildnis sah.

Transpirierend und beklommen
Ist er vor die Tür gekommen,
Oh, sein Herze klopft so sehr,
Doch am Ende klopft auch er.

„Himmel" – ruft sie, – „welches Glück!!"

(Knopp sein Schweiß, der tritt zurück)

„Komm, geliebter Herzensschatz,
Nimm auf der Berschäre Platz.

Nur an dich bei Tag und Nacht,
Süßer Freund, hab ich gedacht.

Unaussprechlich inniglich,
Freund und Engel, lieb ich dich!"

Knopp, aus Mangel an Gefühl,
Fühlt sich wieder äußerst schwül,
Doch in dieser Angstsekunde
Nahen sich drei fremde Hunde.

„Hilfe, Hilfe!“ – ruft Adele –
„Hilf, Geliebter meiner Seele!!!“

Knopp hat keinen Sinn dafür.
Er entfernt sich durch die Tür. –

Schnell verläßt er diesen Ort.
Und begibt sich weiter fort.

Ein schwarzer Kollege

Knopp verfügt sich weiter fort
Bis an einen andern Ort.
Da wohnt einer, den er kannte,
Der sich Förster Knarrtje nannte.

Unterwegs bemerkt er bald
Eine schwärzliche Gestalt,

Und nun biegt dieselbe schräg
Ab auf einen Seitenweg.

Sieh, da kommt ja Knarrtje her!

„Alter Knopp, das freut mich sehr!“

Traulich wandeln diese zwei
Nach der nahen Försterei.

„So, da sind wir, tritt hinein;
Meine Frau, die wird sich freun!"

„He, zum Teufel, was ist das?
Alleh, Waldmann, alleh faß!

Oh, tu tu verruchtes Weib,
Jetzt kommt Knarrtje dir zu Leib!"

Knopps Vermittlung will nicht glücken,
Wums! da liegt er auf dem Rücken.

Schnell verläßt er diesen Ort
Und begibt sich weiter fort.

Rektor Debisch

Knopp begibt sich weiter fort

Bis an einen andern Ort.
Da wohnt einer, den er kannte,
Der sich Rektor Debisch nannte.

Er erteilet seinem Sohn
Eben eine Lektion,
Die er aber unterbricht,

Als er Knopp zu sehen kriegt.

Zu dem Sohne spricht er dann:

„Kuno, sag ich, sieh mich an!
Höre zu und merke auf!
Richte itzo deinen Lauf
Dahin, wo ich dir befehle,
Nämlich in die Kellerhöhle.
Dorten lieget auf dem Stroh
Eine Flasche voll Bordeaux.
Diese Flasche, sag ich dir,
Zieh herfür und bringe mir!"

Kuno eilet froh und prompt,
Daß er in den Keller kommt,
Wo er still und wohlgemut
Etwas von dem Traubenblut

In sich selbst herüberleitet,
Was ihm viel Genuß bereitet.

Die dadurch entstandne Leere

Füllt er an der Regenröhre. –

Rotwein ist für alte Knaben

Eine von den besten Gaben:

Gern erhebet man das Glas.

Aber Knopp, der findet was.

„Ei“ – spricht Debisch – „dieses ist,
Sozusagen Taubenmist.

Ei, wie käme dieses dann?

Kuno, sag ich, sieh mich an!!“

Drauf nach diesem strengen Blick
Kommt er auf den Wein zurück.

Aber Knopp verschmäht das Glas,

Denn schon wieder sieht er was.

„Dies“ – spricht Debisch – „scheint mir ein

Neugeborner Spatz zu sein.

Ei, wie käme dieses dann?

Kuno, sag ich, sieh mich an!!

Deiner Taten schwarzes Bild
Ist vor meinem Blick enthüllt;
Und nur dieses sage ich:

Pfui, mein Sohn, entferne dich!! –“

Das ist Debisch sein Prinzip:
Oberflächlich ist der Hieb.
Nur des Geistes Kraft allein
Schneidet in die Seele ein.

Knopp vermeidet diesen Ort

Und begibt sich weiter fort.

Ländliches Fest

Knopp begibt sich weiter fort
Bis an einen andern Ort.
Da wohnt einer, den er kannte,
Der sich Meister Druff benannte.

Druff hat aber diese Regel:
Prügel machen frisch und kregel
Und erweisen sich probat
Ganz besonders vor der Tat.

Auch zum heut'gen Schützenfeste
Scheint ihm dies für Franz das beste.
Drum hört Knopp von weitem schon

Den bekannten Klageton.

Darnach wandert man hinaus
Schön geschmückt zum Schützenhaus. –

Gleich verschafft sich hier der Franz

Eines Schweines Kringelschwanz,
Denn er hat es längst beachtet,
Daß der Wirt ein Schwein geschlachtet;
Und an Knoppens Fracke hing

Gleich darauf ein krummes Ding. –

Horch, da tönet Horngebläse
Und man schreitet zur Française.

Keiner hat so hübsch und leicht
Sich wie unser Knopp verbeugt;

Keiner weiß sich so zu wiegen
Und den Tönen anzuschmiegen;

Doch die höchste Eleganz
Zeiget er im Solotanz.
Hoch erfreut ist jedermann,
Daß Herr Knopp so tanzen kann.

Leider ist es schon vorbei.

Und er schreitet stolz und frei
Wiederum zu seinem Tische,

Daß er etwas sich erfrische.

Rums! – Der Franz entfernt die Bank,
So daß Knopp nach hinten sank! –
Zwar er hat sich aufgerafft,

Aber doch nur mangelhaft.
Und er fühlt mit Angst und Beben:
Knopp, hier hat es Luft gegeben!

Schnell verläßt er diesen Ort
Und begibt sich weiter fort.

Die stille Wiese

Knopp begibt sich weiter fort
Bis an einen stillen Ort.

Hier auf dieser Blumenwiese,
Denn geeignet scheinet diese,
Kann er sich gemütlich setzen,
Um die Scharte auszuwetzen

Und nach all den Angstgefühlen
Sich ein wenig abzukühlen.

Hier ist alles Fried und Ruh,
Nur ein Häslein schauet zu.

Sieh da kommt der Bauer Jochen
Knopp hat sich nur leicht verkrochen,

Doch mit Jochen seiner Frau
Nimmt er es schon mehr genau.

Kurz war dieser Aufenthalt.
Und mit Eifer alsobald
Richtet Knopp sein Augenmerk

Auf das angefangne Werk. –
Kaum hat er den Zweck erreicht,
Wird er heftig aufgescheucht,
Und es zeigt sich ach herrje,

Jetzt sind Damen in der Näh.
Plumps! – Man kommt. – Indes von Knopp

Sieht man nur den Kopf, gottlob! –

Wie erschrak die Gouvernante,
Als sie die Gefahr erkannte,

Ängstlich ruft sie: Oh mon dieu!
C'est un homme, fermez les yeux!!

Knopp, auf möglichst schnelle Weise,
Schlüpfet in sein Beingehäuse.

Dann verläßt er diesen Ort
Und begibt sich weiter fort.

Babbelmann

Knopp begibt sich weiter fort

Bis an einen andern Ort.

Da wohnt einer, den er kannte
Der sich Babbelmann benannte,
Der ihm immer so gefallen
Als der Lustigste von allen.

Schau, da tritt er aus der Tür.

„Na", ruft Knopp, „jetzt bleib ich hier!"

Worauf Babbelmann entgegnet:

„Werter Freund, sei mir gesegnet!

Erstens in betreff Logis,
Dieses gibt es nicht allhie,
Denn ein Pater hochgelehrt
Ist soeben eingekehrt.

Zweitens dann: für Essen, Trinken
Seh ich keine Hoffnung blinken.
Heute mal wird nur gebetet,
Morgen wird das Fleisch getötet,
Übermorgen beichtet man,
Und dann geht das Pilgern an.

Ferner drittens, teurer Freund, –

Pist! – denn meine Frau erscheint!"

Knopp, dem dieses ungelegen,
Wünscht Vergnügen, Heil und Segen
Und empfiehlt sich alsobald

Äußerst höflich, aber kalt. –

Schnelle flieht er diesen Ort

Und begibt sich weiter fort.

Wohlgemeint wird abgelehnt

Knopp verfügt sich weiter fort
Bis an einen andern Ort.
Da wohnt einer, den er kannte,
Der sich Küster Plünne nannte.

Knopp, der tritt durchs Gartengatter.

Siehe, da ist Hemdgeflatter,
Woraus sich entnehmen läßt:
Plünnens haben Wäschefest.

Dieses findet Knopp bekräftigt

Dadurch, wie der Freund beschäftigt.

Herzlich wird er aufgenommen
Plünne rufet: „Ei, willkommen!

Gleich besorg ich dir zu essen,

Halte mal das Kind indessen."

Knopp ist dieses etwas peinlich,
Plünne machet alles reinlich.

Knopp, der fühlt sich recht geniert.
Plünne hat derweil serviert.

Jetzt eröffnet er das Bette
Der Familienlagerstätte.

In dem Bette, warm und schön,
Sieht man eine Schale stehn.

Nämlich dieses weiß ein jeder:
Wärmehaltig ist die Feder.

Hat man nun das Mittagessen
Nicht zu knappe zugemessen,
Und, gesetzt den Fall, es wären
Von den Bohnen oder Möhren,
Oder, meinetwegen, Rüben
Ziemlich viel zurückgeblieben,
Dann so ist das allerbeste,
Daß man diese guten Reste
Aufbewahrt in einem Hafen,
Wo die guten Eltern schlafen,
Weil man, wenn der Abend naht,
Dann sogleich was Warmes hat.
Diese praktische Methode
Ist auch Plünnens ihre Mode.

„So" – ruft Plünne – „Freund, nanu
Setz dich her und lange zu!"

Knopp hat aber, wie man sieht,
Keinen rechten Appetit.

Schnell verläßt er diesen Ort
Und begibt sich weiter fort.

Freund Mücke

Knopp begibt sich weiter fort
Bis an einen andern Ort.
Da wohnt einer, den er kannte,
Welcher Mücke sich benannte.

Wie es scheint, so lebt Herr Mücke
Mit Frau Mücke sehr im Glücke.

Eben hier, bemerken wir,
Küßt er sie und spricht zu ihr:

„Also Schatz, ade derweil!
Ich und Knopp, wir haben Eil.
Im historischen Verein
Wünscht er eingeführt zu sein."

Bald so öffnet sich vor ihnen
Bei der Kirche der Kathrinen

Im Hotel zum blauen Aal
Ein gemütliches Lokal.

Mücke scheinet da nicht fremd,
Er bestellt, was wohlbekömmt.

Junge Hähnchen, sanft gebraten,
Dazu kann man dringend raten,

Und man darf getrost inzwischen
Etwas Rheinwein druntermischen.

Nötig ist auf alle Fälle,
Daß man dann Mussö bestelle.

Nun erfreut man sich selbdritt,
Denn Kathinka trinket mit!

„So jetzt wären wir so weit,
Knopp, du machst wohl Richtigkeit."

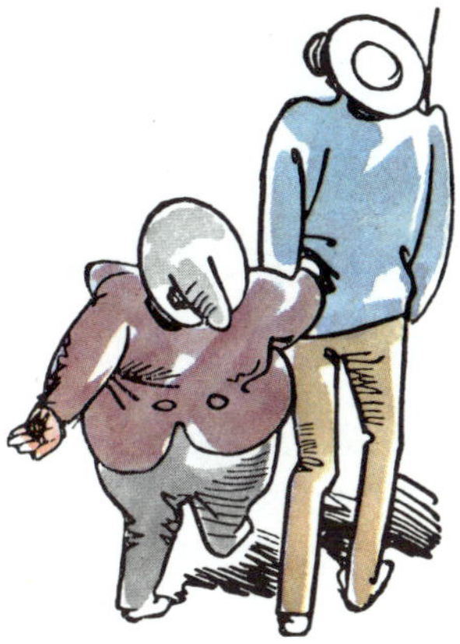

Lustig ist man fortspaziert
Zum Hotel, wo Knopp logiert.

Heftig bollert man am Tor,
Der Portier kommt nicht hervor.

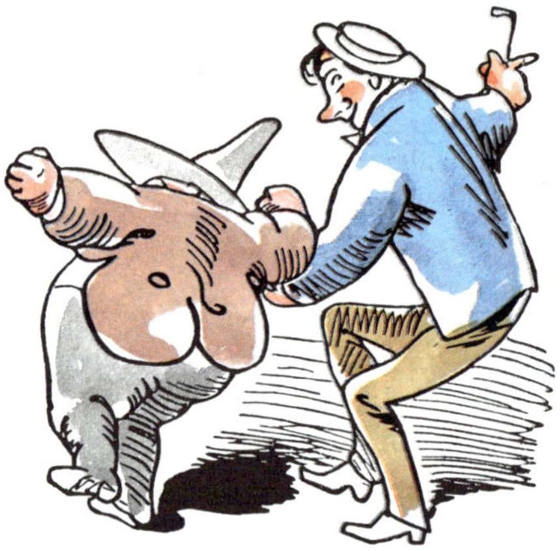

„Komm", – ruft Mücke – „Knopp, komm hier,
Du logierst die Nacht bei mir!"

Schwierig aus verschiednen Gründen,
Ist das Schlüsselloch zu finden.

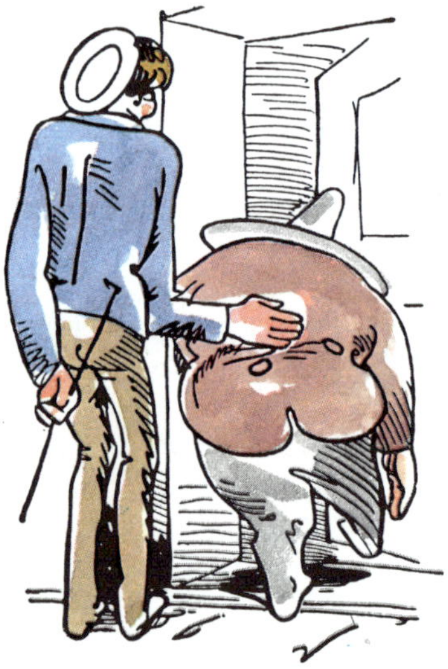

So so so! Jetzt nur gemach,
Tritt hinein, ich komme nach.

Knopp schiebt los. Indessen Mücke
Bleibt mit Listigkeit zurücke.

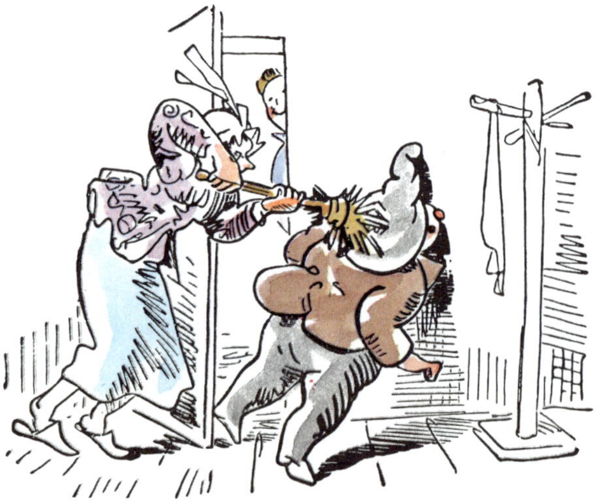

Schrupp! – Wie Knopp hineingekommen,
Wird er an die Wand geklommen.
„Wart!" ruft Mückens Ehgemahl –
„Warte, Lump, schon wieder mal!?"

Weil sie ihn für Mücken hält,
Hat sie ihm so nachgestellt.

Hei! Wie fühlt sich Knopp erfrischt,
Als der Besen saust und zischt.

Oh, was macht der Besenstiel
Für ein schmerzliches Gefühl!

Bums! er fällt in einen Kübel,
Angefüllt mit dem, was übel.

Und als regellose Masse
Findet Knopp sich auf der Gasse.

Schnell verläßt er diesen Ort
Und begibt sich weiter fort.

Ein frohes Ereignis

Knopp verfügt sich weiter fort
Bis an einen andern Ort.
Da wohnt einer, den er kannte,
Der sich Sauerbrot benannte.

Sauerbrot, der fröhlich lacht,
Hat sich einen Punsch gemacht.

„Heißa!!" – rufet Sauerbrot –
„Heißa! meine Frau ist tot!!

Hier in diesem Seitenzimmer
Ruhet sie bei Kerzenschimmer.

Heute stört sie uns nicht mehr,
Also, Alter, setz dich her,

Nimm das Glas und stoße an,
Werde niemals Ehemann,
Denn als solcher, kann man sagen,
Muß man viel Verdruß ertragen.

Kauf Romane und Broschüren,

Zahle Flechten und Tournüren,
Seidenkleider, Samtjacketts,
Zirkus- und Konzertbilletts –
Ewig hast du Nöckerei.
Gott sei Dank, es ist vorbei!!"

Es schwellen die Herzen,
Es blinkt der Stern.
Gehabte Schmerzen,
Die hab ich gern.

Knarr! – da öffnet sich die Tür.

Wehe! Wer tritt da herfür!?

Madam Sauerbrot, schein-
Tot gewesen, tritt herein.
Starr vor Schreck wird Sauerbrot,

Und nun ist er selber tot. –

Knopp vermeidet diesen Ort
Und begibt sich eilig fort.

O weh!

Knopp verfügt sich weiter fort
Bis an einen stillen Ort.
Da wohnt einer, den er kannte,
Welcher Piepo sich benannte.

Aus dem Garten tönt Gelächter,
Piepo ist's und seine Töchter.

„Dies, mein lieber Knopp, ist Hilda,
Dort die Ältere heißt Klotilda,
Hilda hat schon einen Freier,
Morgen ist Verlobungsfeier,
Doch Klotilda, ei, ei, ei,
Die ist noch bis dato frei."

Oh wie ist der Abend milde!
Knopp, der wandelt mit Klotilde,

Die ihm eine Rose pflückt. –
Und er fühlt sich tief beglückt:
Knopp, in diesem Augenblick
Da erfüllt sich dein Geschick. –

Drauf hat Piepo ihn geleitet,
Wo sein Lager zubereitet.

„Hier" – so spricht er – „dieser Saal
Ist für morgen Festlokal.

Hier zur Rechten ist die Klause,
Stillberühmt im ganzen Hause;

Und hier links da schlummerst du.

Wünsche recht vergnügte Ruh!"

Knopp ist durch und durch Gedanke
An Klotilde, jene Schlanke,
Und er drückt in süßem Schmerz
Ihre Rose an sein Herz.

„O Klotilde, du allein
Sollst und mußt die Meine sein." –
Darauf ist ihm so gewesen:
Knopp, du mußt noch etwas lesen. –
Gern erfüllt er sein Verlangen;
Still ist er hinausgegangen

Und bei seiner Kerze Strahl
Hingewandelt durch den Saal. –

Oftmals kann man müde sein,
Setzt sich hin und schlummert ein.

Erst des Morgens so um achte,
Als die Sonne freundlich lachte,
Dachte Knopp an sein Erwachen.
Er erwacht durch frohes Lachen. –
Dieses tut die Mädchenschar,
Welche schon beschäftigt war,
Um an dieses Festes Morgen
Für des Saales Schmuck zu sorgen.

„Ewig kannst du hier nicht sein" –
Denket Knopp voll Seelenpein.
Und so strömt er wohlverdeckt
Da hervor, wo er gesteckt.

Hopsa! – Er entblättert sich. –

Groß ist seines Laufes Schnelle;
Aber ach, die Kammerschwelle
Ist ihm äußerst hinderlich.

Heimlich flieht er diesen Ort
Und begibt sich weiter fort.

Abschreckendes Beispiel

Knopp begibt sich eilig fort

Bis zum höchsten Bergesort.

Hier in öder Felsenritzen
Sieht er einen Klausner sitzen.

Dieser Klausner, alt und greis,
Tritt aus seinem Steingehäus.

Und aus Knoppen seiner Tasche
Hebt er ernst die Wanderflasche.

„Ich" – so spricht er – „heiße Krökel
Und die Welt ist mir zum Ekel.
Alles ist mir einerlei.

Mit Verlaub! Ich bin so frei.
O ihr Bürsten, o ihr Kämme,

Taschentücher, Badeschwämme,
Seife und Pomadebüchse,
Strümpfe, Stiefel, Stiefelwichse,
Hemd und Hose, alles gleich,
Krökel, der verachtet euch.

Mir ist alles einerlei.

Mit Verlaub, ich bin so frei.

O ihr Mädchen, o ihr Weiber,
Arme, Beine, Köpfe, Leiber,
Augen mit den Feuerblicken,
Finger, welche zärtlich zwicken
Und was sonst für dummes Zeug –

Krökel, der verachtet euch.

Mir ist alles einerlei.

Mit Verlaub, ich bin so frei.

Nur die eine, himmlisch Reine,
Mit dem goldnen Heilgenscheine
Ehre, liebe, bet ich an;
Dich, die keiner kriegen kann,
Dich du süße, ei ja ja,

Heil'ge Emmerenzia.

Sonst ist alles einerlei.

Mit Verlaub, ich bin so frei."

Hiermit senkt der Eremit
Sich nach hinten. – Knopp entflieht.

Knopp, der denkt sich: Dieser Krökel
Ist ja doch ein rechter Ekel;
Und die Liebe per Distanz,
Kurz gesagt, mißfällt mir ganz.

Schnell verlassend diesen Ort
Eilet er nach Hause fort.

Heimkehr und Schluß

Knopp, der eilt nach Hause fort,

Und sieh da, schon ist er dort.

Grade lüftet seine nette,
Gute Dorothee das Bette.

„Mädchen" – spricht er – „sag mir ob –"
Und sie lächelt: „Ja, Herr Knopp!"

Bald so wird es laut verkündet:
Knopp hat eh'lich sich verbündet,

TOBIAS KNOPP DOROTHEA LICKEFETT

Erst nur flüchtig und zivil,
Dann mit Andacht und Gefühl. –

Na, nun hat er seine Ruh.
Ratsch! – Man zieht den Vorhang zu.

Tobias Knopp. Zweiter Teil

Herr und Frau Knopp

Ermahnungen und Winke

O wie lieblich, o wie schicklich,
Sozusagen herzerquicklich,
Ist es doch für eine Gegend,
Wenn zwei Leute, die vermögend,
Außerdem mit sich zufrieden,
Aber von Geschlecht verschieden,
Wenn nun diese, sag ich, ihre
Dazu nötigen Papiere,
Sowie auch die Haushaltssachen
Endlich mal in Ordnung machen
Und in Ehren und beizeiten
Hin zum Standesamte schreiten,
Wie es denen, welche lieben,
Vom Gesetze vorgeschrieben;
Dann ruft jeder freudiglich:
„Gott sei Dank! sie haben sich!"

Daß es hierzu aber endlich
Kommen muß, ist selbstverständlich. –
Oder liebt man Pfänderspiele?
So was läßt den Weisen kühle.
Oder schätzt man Tanz und Reigen?
Von Symbolen laßt uns schweigen.
Oder will man unter Rosen
Innig miteinander kosen?
Dies hat freilich seinen Reiz;
Aber elterlicherseits
Stößt man leicht auf so gewisse
Unbequeme Hindernisse,
Und man hat, um sie zu heben,
Als verlobt sich kundgegeben. –

Das ist allerdings was Schönes;
Dennoch mangelt dies und jenes.
Traulich im Familienkreise
Sitzt man da und flüstert leise,
Drückt die Daumen, küßt und plaudert,
Zehne schlägt's, indes man zaudert,
Mutter strickt und Vater gähnt,
Und, eh man was Böses wähnt,
Heißt es: „Gute Nacht, bis morgen!"

Tief im Paletot verborgen,
Durch die schwarzen, nassen Gassen,
Die fast jeder Mensch verlassen,
Strebt man unmutsvoll nach Hause
In die alte, kalte Klause,

Wühlt ins Bett sich tief und tiefer,
Schnatteratt! so macht der Kiefer,
Und so etwa gegen eine
Kriegt man endlich warme Beine.
Kurz, Verstand sowie Empfindung
Dringt auf ehliche Verbindung. –
Dann wird's aber auch gemütlich.

Täglich, stündlich und minütlich
Darf man nun vereint zu zween
Arm in Arm spazierengehn!
Ja, was irgend schön und lieblich,
Segensreich und landesüblich
Und ein gutes Herz ergetzt,
Prüft, erfährt und hat man jetzt.

Eheliche Ergötzlichkeiten

Ein schönes Beispiel, daß obiges wahr,
Bieten Herr und Frau Knopp uns dar.

Hier ruht er mit seiner getreuen Dorette
Vereint auf geräumiger Lagerstätte.

Früh schon erhebt man die Augenlider,
Lächelt sich an und erkennt sich wieder,

Um alsobald mit einem süßen
Langwierigen Kusse sich zu begrüßen.

Knopp aber, wie er gewöhnlich pflegt,
Ist gleich sehr neckisch aufgelegt.

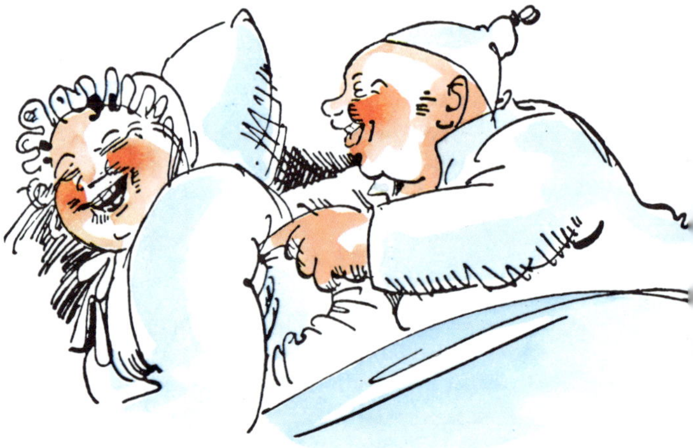

Ganz unvermutet macht er: Kieks!
Hierauf erhebt sich ein lautes Gequieks.

Dorette dagegen weiß auch voll List,
Wo Knopp seine lustige Stelle ist.

Nämlich er hat sie unten am Hals.
Kiewieks! Jetzt meckert er ebenfalls.
Nun freilich möchte sich Knopp erheben
Und schnell vom Lager hinwegbegeben,
Wird aber an seines Kleides Falten

Spiralenförmig zurückgehalten.
Husch! er nicht faul, eh man sich's denkt,
Hat sich nach hinten herumgeschwenkt
Und unter die Decke eingebohrt,

Wo man recht fröhlich herumrumort. –

Nach diesen gar schönen Lustbarkeiten
Wird's Zeit zur Toilette zu schreiten.

Gern wendet Frau Doris anitzo den Blick
Auf Knopp sein Beinbekleidungsstück,
Welches ihr immer besonders gefiel
Durch Ausdruck und wechselndes Mienenspiel.

Bald schaut's so drein mit Grimm und Verdruß,

Bald voller Gram und Bekümmernus.

Bald zeigt dies edle Angesicht

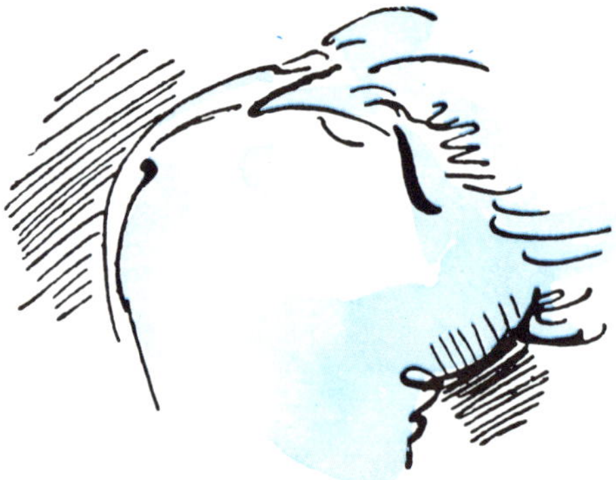

Nur Stolz und kennt keinen Menschen nicht.

Aber bald schwindet der Übermut;

Es zeigt sich von Herzen sanft und gut,
Und endlich nach einer kurzen Zeit

Strahlt es voller Vergnüglichkeit. –
Dorettens Freude hierüber ist groß.
Knopp aber ist auch nicht freudenlos;

Denn ihm lächelt friedlich und heiter,
Nach unten spitzig, nach oben breiter,
Weißlich blinkend und blendend schön,
Ein hocherfreuliches Phänomen.
Besonders zeigt sich dasselbe beim Sitzen,

In der Mädchensprache nennt man's Blitzen. –
„Madam, es blitzt!" ruft Knopp und lacht.

Schlupp! wird die Sache zugemacht.

Der alte Junge hat's gut

Die Frühstückszeit hat Knopp vor allen,
Weil sehr behaglich, sehr gefallen.

Nachdem die Liese aufgetischt,

Hat Doris ihm den Trank gemischt.
Und außerdem genießt er heute
Noch eine ganz besondre Freude.

Frau Doris schenkt ihm eine Mütze,
Die rings mit Perlen und mit Litze
In Form von einem Kranz der Reben
Gar schön umwunden und umgeben.

Sehr freut ihn dieser Kopfbehälter,
Denn nach Micheli wird es kälter
Und weht schon oft ein herber Hauch,
Und außerdem verziert es auch.

Stolz sitzt er da auf seinem Sitze;
Das Haupt verschönt die Morgenmütze.

Die Pfeife ist ihm Hochgenuß,
Und Doris hält den Fidibus.

Schnell flieht der Morgen. – Unterdessen
Bereitet man das Mittagessen. –

Was dies betrifft, so muß man sagen,
Kann Knopp sich wirklich nicht beklagen.
Zum Beispiel könnt er lange suchen
Nach solchem guten Pfannekuchen.
Hierin ist Doris ohne Fehl.
Stets nimmt sie einen Löffel Mehl,
Die nöt'ge Milch, dazu drei Eier,
Ja vier sogar, wenn sie nicht teuer,
Quirlt dies sodann und backt es braun
Mit Sorgfalt und mit Selbstvertraun;

Und jedesmal spricht Knopp vergnüglich:
„Der Pfannekuchen ist vorzüglich!"

O wie behaglich kann er nun
An Doris' treuem Busen ruhn!
Gern hat er hierbei auf der Glatze
Ein loses, leises Kribbelkratze.
So schläft er mit den Worten ein:
„Wie schön ist's, Herr Gemahl zu sein!"

Ein Mißgriff

Der Samstag ist meistens so ein Tag,
Den der Vater nicht leiden mag.
Es wirbelt der Staub, der Besen schwirrt,
Man irrt umher und wird verwirrt.

Hier oben auf der Fensterbank
Steht Liese und macht die Scheiben blank.

Knopp, welcher seine Pfeife vermißt
Und gar nicht weiß, wo sie heute ist,
Schweift sorgenschwer im Haus umher,
Ob sie nicht wo zu finden wär.
Er denkt: Wo mag die Pfeife sein?

Und zwickt die Liese ins Bein hinein.

Obgleich dies nur ganz unten geschehen,
Frau Doris hat es nicht gern gesehen.
Sie ruft: „Das bitt ich mir aber aus!

Abscheuliches Mädchen, verlasse das Haus!"

So wären denn Knoppens also mal
Ohne weibliches Dienstpersonal,
Und morgens in früher Dämmerung

Hat Knopp eine schöne Beschäftigung. –

Alsbald so steht es im Wochenblatt,
Daß man Bedienung nötig hat.

Infolgedessen mit sanfter Miene

Erscheint eine Jungfrau namens Kathrine,

Welche hochheilig und teuer versprochen,
Stets fleißig zu putzen, beten, backen und kochen.

Hierin ist sie auch einerseits rühmlich,
Anderseits aber recht eigentümlich!
Erglänzt zum Beispiel am Siruptopfe
Der unvermeidliche zähe Tropfe –

Schluppdiwutsch! – so schafft sie ihn dort
Mit schnellem Schwunge der Zunge fort.

Oder wenn sich beim Backen vielleicht
Irgendwo irgendwie irgendwas zeigt –

Schluppdiwutsch! sie entfernt es gleich
Durch einen doppelten Bogenstreich. –

Obschon dies sehr geschickt geschehen,
Frau Knoppen hat es nicht gern gesehen.
Sie ruft: „Das bitt ich mir aber aus!"
Abscheuliches Mädchen, verlasse das Haus!"

So wären denn Knoppens zum andern Mal
Ohne weibliches Dienstpersonal.
Knopp aber in früher Dämmerung

Hat eine schöne Beschäftigung.

Alsbald so setzt man ins Wochenblatt,
Daß man ein Mädchen nötig hat!

Hierauf erscheint nach kurzer Zeit

Eine Jungfrau mit Namen Adelheid,
Welche hochheilig und teuer versprochen,
Stets fleißig zu putzen, beten, backen und kochen.
Auch kann sie dieses; und augenscheinlich
Ist sie in jeder Beziehung sehr reinlich.
Pünktlich pflegt sie und ohne Säumen
Die eheliche Kammer aufzuräumen.

Recht angenehm ist dann der Kamm,
Pomade und Seife von Madam.
Doch für die Zähne verwendet sie gern

Den Apparat des gnädigen Herrn. –

Obgleich dies zu guten Zwecken geschehen,
Frau Knoppen hat es nicht gern gesehen.
Sie ruft: „Das bitt ich mir aber aus!
Abscheuliches Mädchen, verlasse das Haus!"
Knopp aber in früher Dämmerung

Hat eine neue Beschäftigung.

Knopp geht mal aus

Bekanntlich möchte in dieser Welt
Jeder gern haben, was ihm gefällt.
Gelingt es dann mal dem wirklich Frommen,
An die gute Gabe dran zu kommen,
Um die er dringend früh und spat
Aus tiefster Seele so inniglich bat,
Gleich steht er da, seufzt, hustet und spricht:
„Ach Herr, nun ist es ja doch so nicht!"
Auch Knopp ist heute etwas ergrimmt
Und über sein eheliches Glück verstimmt.
Grad gibt es den Abend auch Frikadellen,
Die unbeliebt in den meisten Fällen

Er lehnt sie ab mit stillem Dank,

Zieht seinen Frack aus dem Kleiderschrank,

Und ohne sich weiter an was zu kehren,

Wandelt er trotzig zum goldenen Bären! –

„Potztausend, also auch mal hier!"
So rufen freudig beim Öffnen der Tür
Der kunstreiche Doktor Pelikan
Und Bello, der Förster und Jägersmann.
Knopp aber redet nicht eben viel;

Hat auch nicht Lust zum Solospiel;

Sondern tief in sich selbst gekehrt
Hat er sein Schöppchen Bier geleert.

Punkt zehn Uhr schließt er die Rechnung ab

Und begibt sich zu Haus in gelindem Trab.

Unfreundlicher Empfang

Grollend hat Madam soeben

Sich bereits zur Ruh begeben.

Freundlich naht sich Knopp und bang –

Bäh! – nicht gut ist der Empfang.

Demutsvoll und treu und innig
Spricht er: „Doris, schau, da bin ich!"

Aber heftig stößt dieselbe –
Bubb! – ihn auf sein Leibgewölbe.

Dieses hat ihn sehr verdrossen.

Tiefgekränkt, doch fest entschlossen,
Schreitet er mit stolzem Blick

Wieder ins Hotel zurück.
Heißa, jetzt ist Knopp dabei,
Kartenspiel und was es sei.

Elfe, zwölfe schlägt die Glocke
Man genießt verschiedne Groge,

Dreimal kräht des Hauses Hahn,
Bis der letzte Trunk getan.

Heimkehr

Knopp ist etwas schwach im Schenkel,
Drum so führt man ihn am Henkel.

Glücklich hat es sich getroffen,

Daß das Küchenfenster offen.

Man erhebt ihn allgemach,
Und dann schiebt man etwas nach.

Düster ist der Küchenraum;

Platsch! Man fällt und sieht es kaum.

Ratsam ist es nachzuspähen,
Wo die Schwefelhölzer stehen.

Krack! Da stößt das Nasenbein
Auf den offnen Küchenschrein.

Peinlich ist ihm das Gefühl;

Aber er verfolgt sein Ziel.

Oha! – Wieder geht er irr.
Dieses ist das Milchgeschirr.

Dies dagegen ist die volle,
Sanftgeschmeidge Butterstolle.

Doch hier hinten in der Ecke
Kommt er jetzt zu seinem Zwecke.

Autsch! – Er schreit mit lautem Schalle
Und sitzt in der Mausefalle.

Jetzo kommt ihm der Gedanke,
Nachzuspüren auf dem Schranke.

Ach! Vom Kopfe bis zum Fuß
Rinnt das gute Zwetschenmus.

Doch zugleich mit dieser Schwärze
Kriegt er Feuerzeug und Kerze.

Freilich muß er häufig streichen,
Ohne etwas zu erreichen.

Aber endlich und zuletzt
Hat er's richtig durchgesetzt.

Jetzt zur Ruh sich zu begeben
Ist sein sehnlichstes Bestreben.

Hier ist nun die Kammertür.
Ach, man schob den Riegel für.

Demnach muß er sich bequemen,
Auf der Schwelle Platz zu nehmen.

So ruht Knopp nach alledem
Fest, doch etwas unbequem.

Donner und Blitz

Hier sitzt Knopp am selbigen Morgen

Gräulich brütend im Stuhl der Sorgen;
Tyrann vom Scheitel bis zur Zeh;
Und heftig tut ihm der Daumen weh.

Ei schau! die Liese ist wieder gekommen!
Ist Knopp egal. Man hört ihn brommen.

Reumütig nahet Frau Doris sich.
Knopp zeigt sich als schrecklicher Wüterich.

Perdatsch! – Mit einem großen Geklirr
Entfernt er das schöne Porzlangeschirr.

Dann klopft er über den ganzen Graus
Ohne Rücksicht zu nehmen die Pfeife aus.

Mit Tränen tritt Frau Doris hervor
Und sagt ihm ein leises Wörtchen ins Ohr.

Dies Wort fährt ihm wie Donner und Blitz
Durch Kopf, Herz, Leib in den Sorgensitz.

Und tief erschüttert und alsogleich
Zeigt er sich milde, gerührt und weich.

Ängstlicher Übergang und friedlicher Schluß

Wohlbekannt im ganzen Orte,

Mit der Klingel an der Pforte
Ist die Brave, Ehrenwerte,
Ofterprobte, Vielbegehrte,

Welche sich Frau Wehmut schrieb;
Und ein jeder hat sie lieb. –

Mag es regnen oder schneen,
Mag der Wind auch noch so wehen,
Oder wär sie selbst nicht munter,
Denn das kommt ja mal mitunter –
Kaum ertönt an ihrer Klingel
Das bekannte: Pingelpingel!
Gleich so ist Frau Wehmut wach
Und geht ihrer Nahrung nach.

Heute ist sie still erschienen,
Um bei Knoppens zu bedienen.

Auf dem Antlitz Seelenruhe,
An den Füßen milde Schuhe,
Wärmt sie sorglich ihre Hände,
Denn der Sommer ist zu Ende.

Also tritt sie sanft und rein
Leise in die Kammer ein.

Auch den Doktor Pelikan
Sieht man ernstbedächtig nahn,
Und es sagt sein Angesicht:
Wie es kommt, das weiß man nicht. –

Oh, was hat in diesen Stunden

Knopp für Sorgen durchempfunden!

Rauchen ist ihm ganz zuwider.

Seine Pfeife legt er nieder.

Ganz vergebens tief im Pult
Sucht er Tröstung und Geduld.

Oben auf dem hohen Söller,

Unten in dem tiefen Keller –
Wo er sich auch hinverfüge,
Angst verkläret seine Züge.

Ja, er greifet zum Gebet,

Was er sonst nur selten tät.

Endlich öffnet sich die Türe, –
Und es heißt: ich gratuliere!

Friedlich lächelnd, voller Demut,
Wie gewöhnlich, ist Frau Wehmut. –
Stolz ist Doktor Pelikan,
Weil er seine Pflicht getan. –
Aber unser Vater Knopp
Ruft in einem fort: Gottlob!

Na, jetzt hat er seine Ruh. –
Ratsch! Man zieht den Vorhang zu.

Tobias Knopp. Dritter Teil

Julchen

Vorbemerk

Vater werden ist nicht schwer,
Vater sein dagegen sehr. –

Ersteres wird gern geübt,
Weil es allgemein beliebt.
Selbst der Lasterhafte zeigt,
Daß er gar nicht abgeneigt;
Nur will er mit seinen Sünden
Keinen guten Zweck verbinden,
Sondern, wenn die Kosten kommen,
Fühlet er sich angstbeklommen.
Dieserhalb besonders scheut
Er die fromme Geistlichkeit,
Denn ihm sagt ein stilles Grauen:
Das sind Leute, welche trauen. –
So ein böser Mensch verbleibt
Lieber gänzlich unbeweibt. –
Ohne einen hochgeschätzten
Tugendsamen Vorgesetzten
Irrt er in der Welt umher,
Hat kein reines Hemde mehr,
Wird am Ende krumm und faltig,
Grimmig, greulich, ungestaltig,
Bis ihn denn bei Nacht und Tag
Gar kein Mädchen leiden mag.
Onkel heißt er günst'gen Falles,
Aber dieses ist auch alles. –

O wie anders ist der Gute!
Er erlegt mit frischem Mute
Die gesetzlichen Gebühren,
Läßt sich redlich kopulieren,
Tut im stillen hocherfreut
Das, was seine Schuldigkeit,
Steht dann eines Morgens da
Als ein Vater und Papa
Und ist froh aus Herzensgrund,
Daß er dies so gut gekunnt.

Julchen das Wickelkind

Also, wie bereits besprochen:
Madame Knoppen ist in Wochen,
Und Frau Wehmut, welche kam,
Und das Kind entgegennahm,
Rief und hub es in die Höh:
„Nur ein Mädel, ach herrje!"
(Oh, Frau Wehmut, die ist schlau;
So was weiß sie ganz genau!)
Freilich, Knopp, der will sich sträuben,
Das Gesagte gleich zu gläuben;
Doch bald überzeugt er sich,

Lächelt etwas säuerlich
Und mit stillgefaßten Zügen
Spricht er: „Na, denn mit Vergnügen!!"

Dieses Kind hat eine Tante,
Die sich Tante Julchen nannte;
Demnach kommt man überein,
Julchen soll sein Name sein.

Julchen, als ein Wickelkind,
Ist so, wie so Kinder sind.
Manchmal schläft es lang und feste,

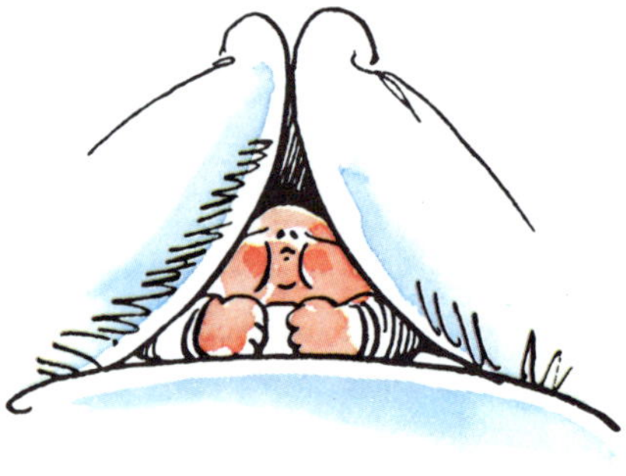

Tief versteckt in seinem Neste.

Manchmal mit vergnügtem Sinn

Duselt es so für sich hin.
Manchmal aber wird es böse,

Macht ein lautes Wehgetöse
Und gibt keine Ruhe nicht,
Bis es was zu lutschen kriegt. –
Sein Prinzip ist überhaupt:
Was beliebt, ist auch erlaubt;
Denn der Mensch als Kreatur
Hat von Rücksicht keine Spur. –
O ihr, die ihr Eltern seid,
Denkt doch an die Reinlichkeit!
Wahrlich, hier gebührt Frau Knopp
Preis und Ehre, Dank und Lob.
Schon in früher Morgenstund
Öffnet sie den Wickelbund,
Gleichsam wie ein Postpaket,

Worauf Knopp beiseite geht.

Mit Interesse aber sieht
Er, was fernerhin geschieht.

Macht man Julchens Nase reinlich,

So erscheint ihm dieses peinlich.

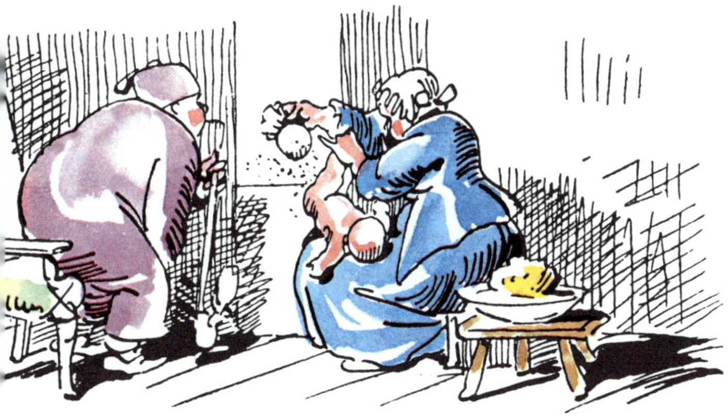

Wie mit Puder man verfährt,
Dünkt ihm höchst bemerkenswert.

Freudevoll sind alle drei,
Wenn die Säuberung vorbei.

Nun mag Knopp sich gern bequemen,
Julchen auch mal hinzunehmen.

Flötend schöne Melodien,
Schaukelt er es auf den Knien.

Auf die Backe mit Genuß
Drückt er seinen Vaterkuß.

Eine unruhige Nacht

Einszweidrei, im Sauseschritt
Läuft die Zeit; wir laufen mit. –

Julchen ist hübsch kugelrund

Und schon ohne Wickelbund. –

Es ist Nacht. – Frau Doris ruht,

Während Knopp das Seine tut.

Aber Julchen in der Wiegen

Will partu nicht stille liegen.
Er bedenkt, daß die Kamille
Manchmal manche Schmerzen stille.
Wirkungslos ist dieser Tee.

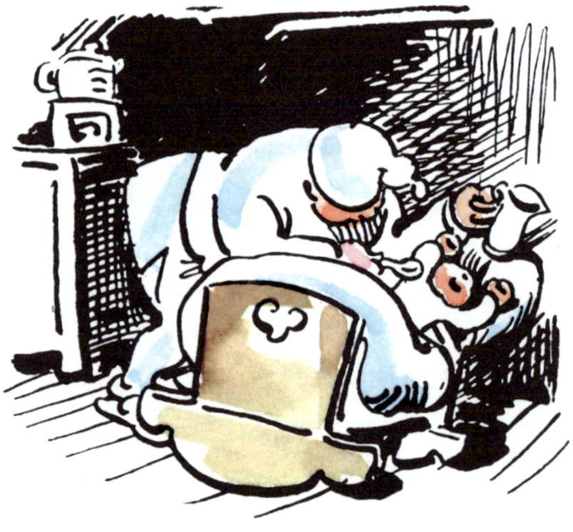

Julchen macht: rabäh, rabäh!

Lieber Gott, wo mag's denn fehlen?

Oder sollte sonst was quälen?

Oh, wie gern ist Knopp erbötig

Nachzuhelfen, wo es nötig.

Aber weh, es will nicht glücken,

Und nun klopft er sanft den Rücken. –

Oder will's vielleicht ins Bette,
Wo auf warmer Lagerstätte
Beide Eltern in der Näh?

Nein, es macht: rabäh, rabäh!

Schau! Auf einmal wird es heiter. –

Knopp begibt sich eilig weiter.
Und bemerkt nur dieses noch:
„Ei potztausend! Also doch!!"

Ein festlicher Morgen

Einszweidrei, im Sauseschritt
Läuft die Zeit; wir laufen mit. –

Julchen ist schon sehr verständig

Und bewegt sich eigenhändig. –

Heut ist Feiertag; und siehe!
Schon streicht Knopp in aller Frühe
Luftiglosen Seifenschaum
Auf des Bartes Stachelflaum

Heut will er zur Messe gehn,
Denn da singt man denn so schön.

Frau Dorette trägt getreu
Frack und Biberhut herbei.

Julchen gibt indessen acht,
Was der gute Vater macht.

Bald ist seine Backe glatt,
Weil er darin Übung hat.

In die Kammer geht er nun,
Julchen macht sich was zu tun.

Gern ergreifet sie die Feder
An des Vaters Schreibkatheder.

Reizend ist die Kunstfigur
Einer Ticktacktaschenuhr.

Ach herrje! Es geht klabum!
Julchen schwebt; der Stuhl fällt um.

Allerdings kriegt Julchen bloß
Einen leichten Hinterstoß,
Doch die Uhr wird sehr versehrt
Und die Tinte ausgeleert. –

Schmiegsam, biegsam, mild und mollig
Ist der Strumpf, denn er ist wollig.

Drum wird man ihn gern benutzen,

Um damit was abzuputzen. –

Wohlversorgt ist dieses nun.

Julchen kann was andres tun.

Keine Messer schneiden besser,
Wie des Bartes Putzemesser.

Wozu nützen, warum sitzen
An dem Frack die langen Spitzen??
Hier ein Schnitt und da ein Schnitt,
Ritscheratsche, weg damit. –

Wohlversorgt ist dieses nun.

Julchen kann was andres tun. –

In des Vaters Pfeifenkopf
Setzt sich oft ein fester Pfropf,

Ja, was schlimmer, die bewußte
Alte, harte, schwarze Kruste;
Und der Raucher sieht es gerne,

Daß man sie daraus entferne.
Wohlbesorgt ist dieses nun.
Julchen kann was andres tun. –

Stattlich ist der Biberhut;
Manchmal paßt er nur nicht gut.

Niemals soll man ihn benützen,

Um bequem darauf zu sitzen.

Seht, da kommt der Vater nun,
Um den Frack sich anzutun.

Schmerzlich sieht er, was geschehn,
Und kann nicht zur Messe gehn.

Böse Knaben

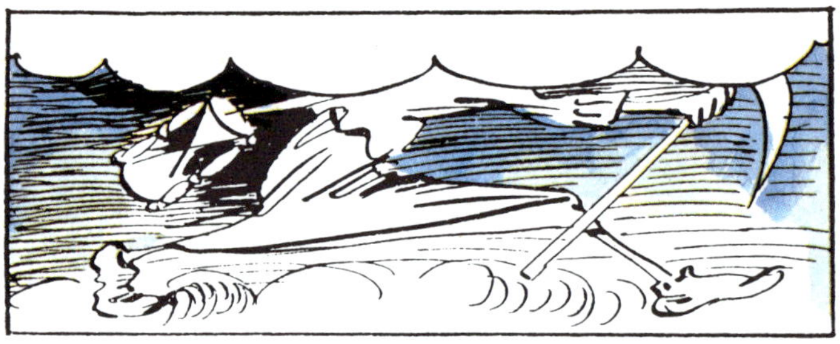

Einszweidrei, im Sauseschritt
Läuft die Zeit; wir laufen mit. –

Unsre dicke, nette Jule
Geht bereits schon in die Schule,

Und mit teilnahmsvollem Sinn
Schaut sie gern nach Knaben hin.

Ferdinandchen Mickefett
Scheint ihr nicht besonders nett.

Einer, der ihr nicht gefiel,
Das ist Dietchen Klingebiel.

Peter Sutitt, frech und dick,
Hat natürlich auch kein Glück.

Försters Fritze, blond und kraus,
Ja, der sieht schon besser aus.

Keiner kann wie er so schön

Grade auf dem Kopfe stehn;

Und das Julchen lacht und spricht:

„So wie Fritze könnt ihr's nicht!"

Kränkend ist ein solches Wort.

Julchen eilt geschwinde fort.

Knubbs! Da stoßen die drei Knaben

Julchen in den feuchten Graben.

Und sie fühlen sich entzückt,

Daß der Streich so gut geglückt.

Wartet nur, da kommt der Fritze!

Schwupp, sie liegen in der Pfütze.

Fritz ist brav und sanft und spricht:

„Gutes Julchen, weine nicht!"

Julchens Kleid ist zu beklagen.

Knopp, der muß die Kosten tragen.

Vatersorgen

Einszweidrei, im Sauseschritt
Läuft die Zeit; wir laufen mit. –

Julchen ist nun wirklich groß.

Pfiffig, fett und tadellos,
Und der Vater ruft: „Was seh ich?
Die Mamsell ist heiratsfähig!"

Dementsprechend wäre ja
Mancher gute Jüngling da.

Da ist Sutitt; aber der
Praktiziert als Veterinär.

Da ist Mickefett; doch dieser
Ist Apthekereiproviser.

Da ist Klingebiel; was ist er?
Sonntags Kanter, alltags Küster.

Und dann Fritz, der Forstadjunkt,
Das ist auch kein Anhaltspunkt.
Einfach bloß als Mensch genommen
Wäre dieser höchstwillkommen;
Nur muß Knopp sich dann entschließen,
Ganz bedeutend zuzuschießen. – –
Kurz gesagt mit wenig Worten,
Ob auch Knopp nach allen Orten
Seine Vaterblicke richte,

Nirgends paßt ihm die Geschichte. –

Anderseits, wie das so geht,
Mangelt jede Pietät.
Man ist fürchterlich verliebt,
Ohne daß man Achtung gibt
Oder irgendwie bedenkt,
Ob man alte Leute kränkt.
Selten fragt sich so ein Tor:
Was geht in den Eltern vor?? –
Ja, so ist die Jugend heute! –
Schrecklich sind die jungen Leute
Hinter Knoppens Julchen her,
Und recht sehr gefällt es der. –
Was hat Knopp doch für Verdruß,
Wenn er das bemerken muß! –

Hier zum Beispiel abends spät,
Wie er still nach Hause geht,
Sieht er nicht mit Stirnefalten,
Wie drei männliche Gestalten

Emsig spähend da soeben
Starr vor Julchens Fenster kleben?

Zornig mit dem Wanderstab
Stochert er sie da herab.
Er verursacht großen Schreck,
Doch den Ärger hat er weg.

Herzverlockende Künste

Wohl mit Recht bewundert man
Einen Herrn, der reiten kann. –
Herzgewinnend zeigt sich hier

Sutitt auf dem Satteltier. –

Doch die Wespen in der Mauer
Liegen heimlich auf der Lauer;
Sie sind voller Mißvertrauen,
Als sie einen Reiter schauen,

Hopps! Der Rappe springt und schnaubt,

Hebt den Schwanz und senkt das Haupt;

Und am Halse hängt der Reiter. –
Er ist ängstlich, Knopp ist heiter. –

Dahingegen Klingebiel
Hofft vermittelst Saitenspiel
Julchens Seele zu entzücken
Und mit Tönen zu umstricken.

Dazu hat er sich gedichtet,
Aufgesetzt und hergerichtet
Ein gar schönes Schlummerlied,

Horch! er singt es voll Gemüt.

Ständchen

Der Abend ist so mild und schön.
Was hört man da für ein Getön??
    Sei ruhig, Liebchen, das bin ich,
    Dein Dieterich,
    Dein Dieterich singt so inniglich!!
Nun kramst du wohl bei Lampenschein
Herum in deinem Kämmerlein;
Nun legst du ab der Locken Fülle,
Das Oberkleid, die Unterhülle;
Nun kleidest du die Glieder wieder
In reines Weiß und legst dich nieder.
O wenn dein Busen sanft sich hebt,
So denk, daß dich mein Geist umschwebt.
Und kommt vielleicht ein kleiner Floh
        Und krabbelt so –
    Sei ruhig, Liebchen, das bin ich,
    Dein Dieterich,
    Dein Dieterich, der umflattert dich!!

Platsch! – Verstummt ist schnell und bang
Nachtgesang und Lautenklang.

Eilig strömt der Sänger weiter;
Er ist traurig, Knopp ist heiter. –

Die Tante auf Besuch

Unvermutet, wie zumeist,

Kommt die Tante zugereist.
Herzlich hat man sie geküßt,
Weil sie sehr vermöglich ist.

Unser Julchen, als es sah,
Daß die gute Tante da,

Weiß vor Freude nicht zu bleiben
Und hat allerlei zu schreiben. –

Sutitt hielt vor großem Kummer
Grade einen kleinen Schlummer.

Froh wird er emporgeschnellt,
Als er dies Billett erhält:

„Weißt du, wo die Rose blüht???
Komm zu mir, wenn's keiner sieht!!"
Stolz und schleunig diese Zeilen
Mickefetten mitzuteilen,
Eilt er zur Aptheke hin.

Ach, wie wurde dem zu Sinn;
Plump! so fällt ihm wie ein Stein
Neidgefühl ins Herz hinein.
Aber sagen tut er nichts. –
Scheinbar heitern Angesichts

Mischt er mancherlei Essenzen,

Ums dem Freunde zu kredenzen

Unter Glück- und Segenswunsch;

Und dem Freunde schmeckt der Punsch. –
Hoffnungsvoll, beredt und heiter
Schlürft er arglos immer weiter.
Aber plötzlich wird er eigen,

Fängt sehr peinlich an zu schweigen

Und erhebt sich von dem Sitz.
„Ei", ruft Mickefett, „potzblitz!
Bleib doch noch ein wenig hier!"

Schnupp! Er ist schon aus der Tür. –
Mickefett voll List und Tücke
Wartet nicht bis er zurücke,
Sondern schleicht als falscher Freund,

Wo ihm Glück zu winken scheint. –

Seht, da steigt er schon hinein.
Freudig zittert sein Gebein.

Und er küßt die zarte Hand,
Die er da im Dunkeln fand.

Und er hält mit Liebeshast

Eine Nachtgestalt umfaßt. –
Mickefett! Das gibt Malör,
Denn die Tante liebt nicht mehr! –

Ängstlichschnelle, laut und helle

Schwingt sie in der Hand die Schelle.
Schwer bewaffnet kommt man jetzt.

Mickefett ist höchst entsetzt.

Schamverwirrt und voller Schrecken
Will er sich sogleich verstecken.

Aber autsch! Der Säbel ritzt,
Weil er vorne zugespitzt.

Schmerzgefühl bei großer Enge
Wirkt ermüdend auf die Länge.

Bratsch! Mit Rauschen und Geklirr
Leert sich jedes Waschgeschirr.

Man ist sehr verwirrt und feucht.
Mickefett entschwirrt und fleucht.

Schmerzlich an den Stoff der Hose
Heftet sich die Dornenrose.

Das Gartenhaus

Liebe – sagt man schön und richtig –
Ist ein Ding, was äußerst wichtig.
Nicht nur zieht man in Betracht,
Was man selber damit macht,
Nein, man ist in solchen Sachen
Auch gespannt, was andre machen. –

Allgemein von Mund zu Munde
Geht die ahnungsvolle Kunde,
Sozusagen ein Gemunkel,
Daß im Garten, wenn es dunkel,
Julchen Knopp mit Försters Fritze
Heimlich wandle oder sitze. –

Diese Sage hat vor allen
Drei Personen sehr mißfallen,
Die sich leider ganz entzweit
Durch die Eifersüchtigkeit.

Jeder hat sich vorgenommen:
Ei, da muß ich hinterkommen.

Hier schleicht Sutitt schlau heraus
Zu Herrn Knoppens Gartenhaus,
Wo das Gartenbaugerät
Wohlverwahrt und trocken steht.

Husch! er schlüpft in das Sallett,
Denn es naht sich Mickefett.

Husch! Der zögert auch nicht viel,
Denn es naht sich Klingebiel.

Husch! Auch der drückt sich hinein,
Denn hier naht im Mondenschein,
Wie wohl zu vermuten war,
Das bewußte Liebespaar.

O wie peinlich muß es sein,
Wenn man so als Feind zu drein
Engbedrückt zusammensitzt
Und vor Zorn im Dunkeln schwitzt! –

Siehste wohl! Da geht es plötzlich
Rumpelpumpel, ganz entsetzlich.

Alles Gartenutensil
Mischt sich in das Kampfgewühl;

Und, rabum! zum Überfluß
Löst sich laut der Flintenschuß.

Husch! Da schlupfen voller Schreck
Fritz und Julchen ins Versteck;
Denn schon zeigt sich in der Ferne
Vater Knopp mit der Laterne.

Knipp, der Hund, kratzt an der Tür.
Knopp der denkt: „Was hat er hier?"

Starr und staunend bleibt er stehn
Mit dem Ruf: „Was muß ich sehn??"
Dann mit Fassung in den Zügen
Spricht er: „Na, Ihr könnt Euch kriegen!!"

Jetzt kommt Mutter, jetzt kommt Tante,
Beide schon im Nachtgewande.

Oh, das war mal eine schöne
Rührende Familienszene!!!

Ende

Feierlich, wie sich's gebührt,
Wird die Trauung ausgeführt. –

Hierbei leitet Klingebiel
Festgesang und Orgelspiel
Unter leisem Tränenregen,
Traurig, doch von Amtes wegen?
Während still im Kabinett
Sutitt und Herr Mickefett
Hinter einer Flasche Wein
Ihren Freundschaftsbund erneun.

Knopp der hat hienieden nun
Eigentlich nichts mehr zu tun. –
Er hat seinen Zweck erfüllt. –

Runzlich wird sein Lebensbild. –
Mütze, Pfeife, Rock und Hose
Schrumpfen ein und werden lose,
So daß man bedenklich spricht:
„Hör mal, Knopp gefällt mir nicht!“
In der Wolke sitzt die schwarze
Parze mit der Nasenwarze,

Und sie zwickt und schneidet, schnapp!!
Knopp sein Lebensbändel ab.

Na, jetzt hat er seine Ruh!
Ratsch! Man zieht den Vorhang zu.

Die
Haarbeutel

Einleitung

Der Weise, welcher sitzt und
denkt
Und tief sich in sich selbst
versenkt,
Um in der Seele Dämmer-
schein
Sich an der Wahrheit zu
erfreun,
Der leert bedenklich seine
Flasche,
Hebt seine Dose aus der Tasche,
Nimmt eine Prise, macht habschieh!
Und spricht: „Mein Sohn, die Sach ist die:

Eh man auf diese Welt gekommen
Und noch so still vorliebgenommen,
Da hat man noch bei nichts was bei;
Man schwebt herum, ist schuldenfrei,
Hat keine Uhr und keine Eile
Und äußert selten Langeweile.
Allein man nimmt sich nicht in acht,
Und schlupp! ist man zur Welt gebracht.

Zuerst hast Du es gut, mein Sohn,
Doch paß mal auf, man kommt Dir schon!

Bereits Dein braves Elternpaar
Erscheint Dir häufig sonderbar.
Es saust der Stab, dann geht es schwapp!
Sieh da, mein Sohn, Du kriegst was ab!
Und schon erscheint Dir unabwendlich
Der Schmerzensruf: Das ist ja schändlich!

Du wächst heran, Du suchst das Weite,
Jedoch die Welt ist voller Leute;
Vorherrschend Juden, Weiber, Christen,
Die Dich ganz schrecklich überlisten,
Und die, anstatt Dir was zu schenken,
Wie Du wohl möchtest, nicht dran denken.
Und wieder scheint Dir unabweislich
Der Schmerzensruf: Das ist ja scheußlich!

Doch siehe da, im trauten Kreis
Sitzt Jüngling, Mann und Jubelgreis,
Und jeder hebt an seinen Mund
Ein Hohlgemäß, was meistens rund,
Um draus in ziemlich kurzer Zeit
Die drin enthaltne Flüssigkeit
Mit Lust und freudigem Bemühn
Zu saugen und herauszuziehn.
Weil jeder dies mit Eifer tut,
So sieht man wohl, es tut ihm gut.
Man setzt sich auch zu diesen Herrn,
Man tut es häufig, tut es gern,
Und möglichst lange tut man's auch;
Die Nase schwillt, es wächst der Bauch,
Und bald, mein Sohn, wirst Du mit Graun
Im Spiegelglas Dein Bildnis schaun,
Und wieder scheint Dir unerläßlich
Der Schmerzensruf: Das ist ja gräßlich!!

Mein lieber Sohn, Du tust mir leid.
Dir mangelt die Enthaltsamkeit.
Enthaltsamkeit ist das Vergnügen
An Sachen, welche wir nicht kriegen.
Drum lebe mäßig, denke klug.
Wer nichts gebraucht, der hat genug!"

So spricht der Weise, grau von Haar,
Ernst, würdig, sachgemäß und klar,
Wie sich's gebührt in solchen Dingen;
Läßt sich ein Dutzend Austern bringen,
Ißt sie, entleert die zweite Flasche,
Hebt seine Dose aus der Tasche,
Nimmt eine Prise, macht habschüh!
Schmückt sich mit Hut und Paraplü,
Bewegt sich mit Bedacht nach Haus
Und ruht von seinem Denken aus.

Silen

Siehe, da sitzet Silen bei der wohlgebildeten Nymphe.

Gern entleert er den Krug, was er schon öfters getan.
Endlich aber jedoch erklimmt er den nützlichen Esel,

Wenn auch dieses nicht ganz ohne Beschwerde geschah.
Fast vergißt er den Thyrsus, woran er sein Lebtag gewöhnt ist;

Käme derselbe ihm weg, wär' es ihm schrecklich fatal. –
Also reitet er fort und erhebt auf Kunst keinen Anspruch;

Bald mal sitzet er so, bald auch wieder mal so.
Horch, wer flötet denn da? Natürlich, Amor, der Lausbub!

Aber der Esel erhebt äußerst bedenklich das Ohr.
Schlimmer als Flötengetön ist das lautlos wirkende Pustrohr;

Pustet man hinten, so fliegt vorne was Spitzes heraus.

Ungern empfindet den Schmerz das redlich dienende Lasttier;
Aber der Reiter hat auch manche Geschichten nicht gern.

Leicht erwischt man den Vogel durch List und schlaue
Beschleichung;

Wenn er es aber bemerkt, flieget er meistens davon.
Mancher erreichet den Zweck durch täuschend geübte
Verstellung;

Scheinbar schlummert der Leib, aber die Seele ist wach.
Schnupp! Er hat ihn erwischt. Laut kreischt der lästige
Vogel,

Während der handliche Stab tönend die Backe berührt.
Übel wird es vermerkt, entrupft man dem Vogel die Feder,

Erstens scheint sie ihm schön, zweitens gebraucht er sie
auch.

Heimwärts reitet Silen und spielt auf der lieblichen Flöte,
Freilich verschiedenerlei, aber doch meistens düdellütt!

Der Undankbare

Einen Menschen namens Meier
Schubst man aus des Hauses Tor,
Und man spricht, betrunken sei er;
Selber kam's ihm nicht so vor.

Grade auf des Weges Mitte,
Frisch mit spitzem Kies belegt,
Hat er sich im Schlürferschritte
Knickebeinig fortbewegt.

Plötzlich will es Meier scheinen,
Als wenn sich die Straße hebt,
So daß er mit seinen Beinen
Demgemäß nach oben strebt.

Aber Täuschung ist es leider.
Meier fällt auf seinen Bauch,
Wirkt zerstörend auf die Kleider
Und auf die Zigarre auch.

Schnell sucht er sich aufzurappeln.
Weh, jetzt wird die Straße krumm,
Und es drehn sich alle Pappeln,
Und auch Meier dreht es um.

Knacks, er fällt auf seine Taschen,
Worin er mit Vorbedacht
Noch zwei wohlgefüllte Flaschen
Klug verwahrt und mitgebracht.

Hilfsbedürftig voller Schmerzen
Sitzt er da in Glas und Kies,
Doch ein Herr mit gutem Herzen
Kam vorbei und merkte dies.

Voller Mitleid und Erbarmen
Sieht er, wie es Meiern geht,
Hebt ihn auf in seinen Armen,
Bis er wieder grade steht.

Puff! Da trifft ein höchst geschwinder
Schlag von Meiern seiner Hand
Auf des Fremden Prachtzylinder,
Daß der Mann im Dunkeln stand.

Ohne Hören, ohne Sehen
Steht der Gute sinnend da;
Und er fragt, wie das geschehen,
Und warum ihm das geschah.

Eine milde Geschichte

Selig schwanket Bauer Bunke
Heim von seinem Abendtrunke.

Zwar es tritt auf seinen Wegen
Ihm ein Hindernis entgegen,

Und nicht ohne viel Beschwerden
Kann es überwunden werden.

Aber siehst Du, es gelingt
Schneller als ihm nötig dünkt.

Pfeife läßt er Pfeife sein,

Drückt sich in sein Haus hinein.

Und begibt sich ohne Säumen
Hin zu seinen Zimmerräumen,
Wo Frau Bunke für die Nacht
Einen Teig zurecht gemacht.

Unverzüglich, weil er matt,

Sucht er seine Lagerstatt.

Diese kommt ihm sehr gelegen,
Um darin der Ruh zu pflegen.

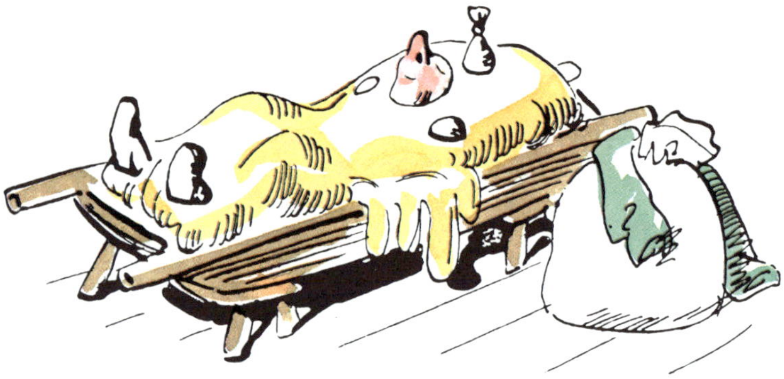

Oh, wie wonnig schmiegt das Mus
Sich um Kopf, Leib, Hand und Fuß.

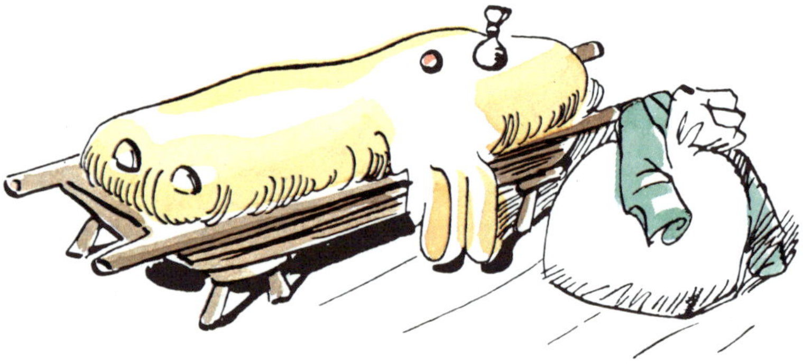

Doch, wie sich der Mund bedeckt,

Wird er ängstlich aufgeschreckt.

Schnell, mit unterdrückter Klage,
Sucht er eine andere Lage.

Auf dem Bauche ruht er milde,
Wie die Kröte mit dem Schilde.

Lange bleibt er so nicht liegen.
Ihn verlangt es Luft zu kriegen.

Ach, Frau Bunke steht erschrocken;
Ihre Lebensgeister stocken.
Traurig führet sie den Besen;

Kummer füllt ihr tiefstes Wesen;
Weinen kann ihr Angesicht,
Aber backen kann sie nicht.

Fritze

Fritze war ein Ladenjüngling,
Dazu braver Eltern Sohn
Und er stand bei Kaufmann Kunze
Schon ein Jahr in Konditschon.

„Fritze", sagte einstens Kunze,
„Ich muß eben mal wohin;
Mache keine dummen Streiche,
Wenn ich nicht zugegen bin."

Hiermit geht er aus der Türe.
Fritze hält das für ein Glück.
Er ergreift die Kümmelflasche,
Und dann beugt er sich zurück.

Sieh, da naht die alte Grete,
Eine Jungfer ernst und still;
Sie verlangt nach grüner Seife,
Weil sie morgen waschen will.

Auch erhub sie eine Klage,
Daß sie's so im Leibe hat,
Weshalb sie vor allen Dingen
Erst um einen Kümmel bat.

Fritze zeigt sich dienstbeflissen.
Ihm ist recht konfus und wohl.
Statt der großen Kümmelflasche
Nimmt er die mit Vitriol.

Jungfer Grete, voller Freuden
Greift begierig nach dem Glas;
Fritz, der grünen Seife wegen,
Beugt sich übers Seifenfaß.

Weh, was muß man nun erblicken?
Wo ist Fritzens Gleichgewicht?
Was sind dies für Angstgebärden
Hier auf Gretens Angesicht?

Fritze strampelt mit den Beinen,
Doch die Seife wird sein Grab;
Greten nagt die scharfe Säure
Ihre Mädchenseele ab.

Kümmel zieret keinen Jüngling,
Dazu ist er noch zu klein;
Und ein braves altes Mädchen
Muß nicht mehr so happig sein.

Nur leise

Sehr häufig traf Studiosus Döppe
Paulinen auf des Hauses Treppe,
Wenn sie als Witwe tugendsam
Des Morgens aus der Stube kam.

Da sie Besitzerin vom Haus,
So sprach sich Döppe schließlich aus
Und bat mit Liebe und Empfindung
Um eine dauernde Verbindung.

„Herr Döppe", sprach Pauline kühl,
„Ich ehr und achte Ihr Gefühl,
Doch dies Gepolter auf der Treppe
Fast jede Nacht ist bös, Herr Döppe!"

Worauf denn Döppe fest beschwor,
Die Sache käme nicht mehr vor.

Dies Schwören sollte wenig nützen.
Nachts hat er wieder einen sitzen.

Er kommt nach Haus in später Stund
Mit Pfeife, Rausch und Pudelhund.

Behutsam zieht er auf dem Gang
Die Stiefel aus, die schwer und lang,
Um auf den Socken, auf den weichen,

Geräuschlos sich emporzuschleichen.
Fast ist er schon dem Gipfel nah
Und denkt, der letzte Tritt ist da.
Dies denkt er aber ohne Grund.

Die Pfeife bohrt sich in den Schlund;

Die alte Treppe knackt und knirrt,
Die Pfeife löst sich auf und klirrt;

Erschrecklich tönt der Stiefel Krach,
Dumpf rumpelt Döppe hinten nach.

Der Pudel heult und ist verletzt,
Weil Döppe seinen Schwanz besetzt.
Pauline kommt mit Kerzenlicht;

Beschämt verbirgt er sein Gesicht.
Man hört nichts weiter von Paulinen,
Als: „Döppe, ich verachte Ihnen!"

Vierhändig

Der Mensch, der hier im Schlummer liegt,

Hat seinen Punsch nicht ausgekriegt.
Dies ist dem Affen äußerst lieb;

Er untersucht, was übrig blieb.
Der Trank erscheint ihm augenblicklich

Beachtenswert und sehr erquicklich.
Drum nimmt er auch die Sache gründlich.

Der Schwanz ist aber sehr empfindlich.

Der Hauch ist kühlend insoweit,

Doch besser wirkt die Flüssigkeit.

Begierig wird der Rest getrunken

Und froh auf einem Bein gehunken.

Das Trinkgeschirr, sobald es leer,

Macht keine rechte Freude mehr.

Jetzt können wir, da dies geschehn,
Zu etwas anderm übergehn.

Zum Beispiel mit gelehrten Sachen

Kann man sich vielfach nützlich machen.
Hiernach, wenn man es nötig glaubt,

Ist die Zigarre wohl erlaubt.

Man zündet sie behaglich an,

Setzt sich bequem und raucht sodann.
Oft findet man nicht den Genuß,

Den man mit Recht erwarten muß.

So geht es mit Tabak und Rum:
Erst bist du froh, dann fällst du um.

Hier ruhn die Schläfer schön vereint,
Bis daß die Morgensonne scheint.

Im Kopf ertönt ein schmerzlich Summen,
Wir Menschen sagen: Schädelbrummen.

Eine kalte Geschichte

Der Wind der weht, die Nacht ist kühl.

Nach Hause wandelt Meister Zwiel.
Verständig, wie das seine Art,

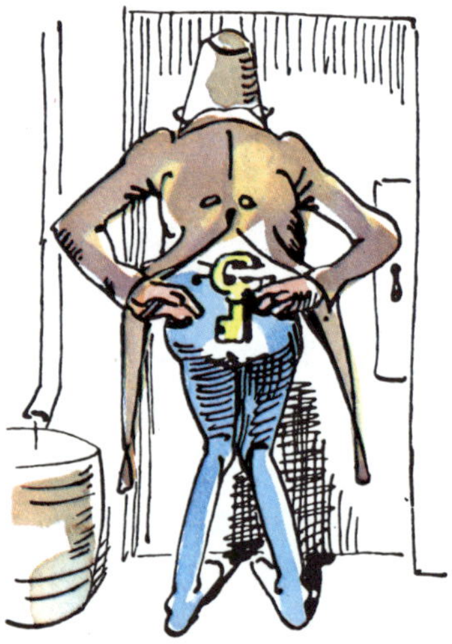

Hat er den Schlüssel aufbewahrt.
Das Schlüsselloch wird leicht vermißt,

Wenn man es sucht, wo es nicht ist.
Allmählich schneit es auch ein bissel;

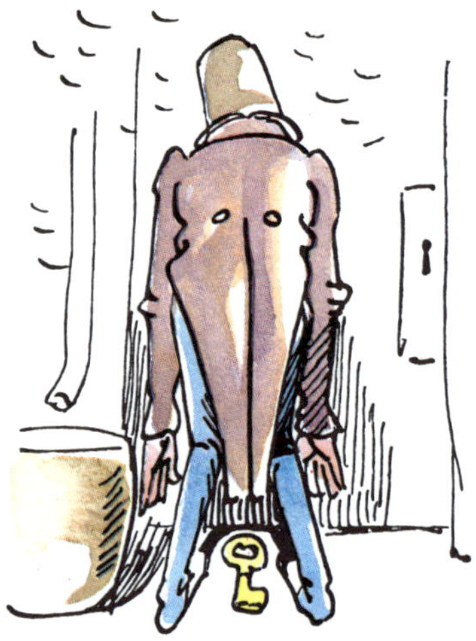

Der kalten Hand entfällt der Schlüssel.
Beschwerlich ist die Bückerei;

Es lüftet sich der Hut dabei.
Der Hut ist naß und äußerst kalt;

Wenn das so fortgeht, friert es bald.

Noch einmal bückt der Meister sich,

Doch nicht geschickt erweist er sich.
Das Wasser in dem Fasse hier

Hat etwa null Grad Réaumur.
Es bilden sich in diesem Falle

Die sogenannten Eiskristalle.

Der Wächter singt: Bewahrt das Licht!

Der kalte Meister hört es nicht.
Er sitzt gefühllos, starr und stumm;

Der Schnee fällt drauf und drum herum.
Der Morgen kommt so trüb und grau;

Frau Pieter kommt, die Millichfrau;

Auch kommt sogleich mit ihrem Topf

Frau Zwiel heraus und neigt den Kopf.
„Schau, schau!“ ruft sie in Schmerz versunken,

„Mein guter Zwiel hat ausgetrunken!

Von nun an, liebe Madam Pieter,
Bitt ich nur um ein viertel Liter!“

Die ängstliche Nacht

Heut bleibt der Herr mal wieder lang.

Still wartet sein Amöblemang.

Da kommt er endlich angestoppelt.

Die Möbel haben sich verdoppelt.

Was wär denn dieses hier? Ei, ei!

Aus einem Beine werden zwei.

Der Kleiderhalter, sonst so nütze,

Zeigt sich als unbestimmte Stütze.

Oha! Jetzt wird ihm aber schwach.

Die Willenskräfte lassen nach.

Er sucht auf seiner Lagerstatt

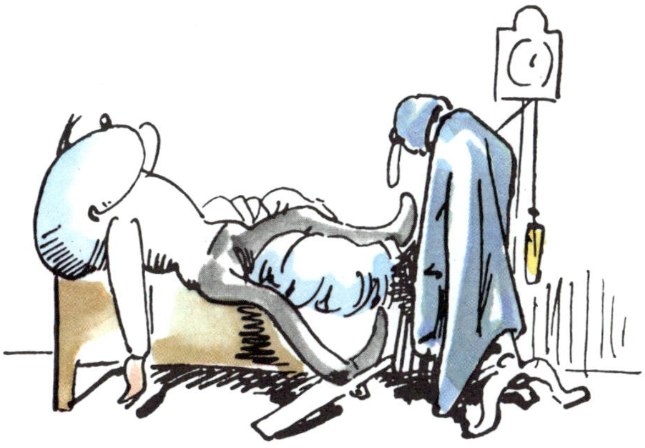

Die Ruhe, die er nötig hat.

Auweh! der Fuß ist sehr bedrückt;

Ein harter Käfer beißt und zwickt.

Der Käfer zwickt, der Käfer kneift;

Mit Mühe wird er abgestreift.

Jedoch die Ruhe währt nicht lange;
Schon wieder zwickt die harte Zange.

Er dreht sich um, so schnell er kann;

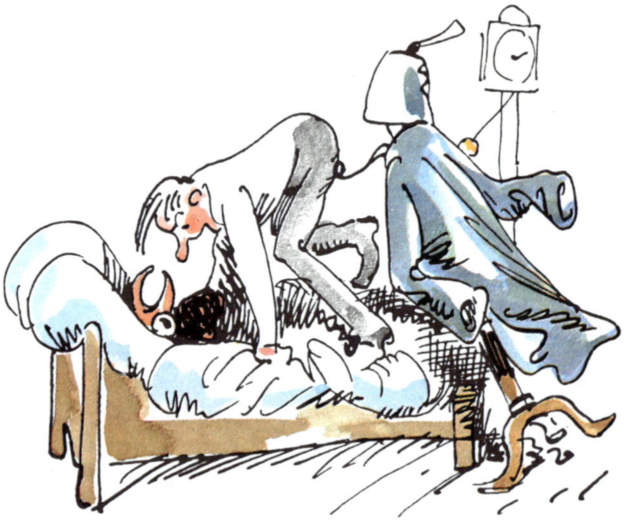

Da stößt ihn wer von hinten an.

Habuh! Da ist er! Steif und kalt;

Ein Kerl von scheußlicher Gestalt.

Ha, drauf und dran! Du oder ich!

Jetzt heißt es, Alter, wehre dich!

Heiß tobt der Kampf, hoch saust das Bein;

Es mischt sich noch ein dritter drein.
Doch siehe da, der Feind erliegt.

Der Kampf ist aus, er hat gesiegt.

Gottlob, so kommt er endlich nun

Doch mal dazu sich auszuruhn.

Doch nein, ihm ist so dumpf und bang;

Die Nase wird erstaunlich lang.

Und dick und dicker schwillt der Kopf;

Er ist von Blech, er wird zum Topf;

Wobei ein Teufel voller List

Als Musikus beschäftigt ist.

Wie er erwacht, das sieht man hier:

Ein jedes Haar ein Pfropfenziehr.

Fipps der Affe

Pegasus, Du alter Renner,
Trag mich mal nach Afrika,
Alldieweil so schwarze Männer
Und so bunte Vögel da.

Kleider sind da wenig Sitte;
Höchstens trägt man einen Hut,
Auch wohl einen Schurz der Mitte;
Man ist schwarz und damit gut. –

Dann ist freilich jeder bange,
Selbst der Affengreis entfleucht,
Wenn die lange Brillenschlange
Zischend von der Palme kreucht.

Kröten fallen auf den Rücken,
Ängstlich wird das Bein bewegt;
Und der Strauß muß heftig drücken,
Bis das große Ei gelegt.

Krokodile weinen Tränen,
Geier sehen kreischend zu;
Sehr gemein sind die Hyänen;
Schäbig ist der Marabu.

Nur die Affen, voller Schnacken,
Haben Vor- und Hinterhand;
Emsig mümmeln ihre Backen;
Gerne hockt man beieinand.

Papa schaut in eine Stelle,
Onkel kratzt sich sehr geschwind,
Tante kann es grad so schnelle,
Mama untersucht das Kind.

Fipps – so wollen wir es nennen. –
Aber wie er sich betrug,
Wenn wir ihn genauer kennen,
Ach, das ist betrübt genug.

Selten zeigt er sich beständig,
Einmal hilft er aus der Not;
Anfangs ist er recht lebendig;
Und am Schlusse ist er tot.

Erstes Kapitel

Der Fipps, das darf man wohl gestehn,

Ist nicht als Schönheit anzusehn.
Was ihm dagegen Wert verleiht,
Ist Rührig- und Betriebsamkeit.

Wenn wo was los, er darf nicht fehlen;
Was ihm beliebt, das muß er stehlen;
Wenn wer was macht, er macht es nach;
Und Bosheit ist sein Lieblingsfach.

Es wohnte da ein schwarzer Mann,

Der Affen fing und briet sie dann.

Besonders hat er junge gern,
Viel lieber als die ältern Herrn.
„Ein alter Herr ist immer zäh!"
So spricht er oft und macht „Bebä!"

Um seine Zwecke zu erfüllen,
Wählt er drei leere Kürbishüllen.

Für auf den Kopf die große eine,
Für an die Hände noch zwei kleine.

So kriecht er in ein Bündel Stroh,

Macht sich zurecht und wartet so. –
Dies hat nun allerdings den Schein,
Als ob hier schöne Früchte sein.

Fipps, der noch nie so große sah,

Kaum sieht er sie, so ist er da.
Er wählt für seinen Morgenschmaus

Sich gleich die allergrößte aus.
Doch wie er oben sich bemüht,
Erfaßt ihn unten wer und zieht,

Bis daß an jeder Hinterhand
Ringsum ein Kürbis sich befand.

So denkt ihn froh und nach Belieben

Der böse Mann nach Haus zu schieben.
An dieses Mannes Nase hing
Zu Schmuck und Zier ein Nasenring.

Fipps faßt den Reif mit seinem Schweif.
Der Schwarze wird vor Schrecken steif.

Die Nase dreht sich mehre Male
Und bildet eine Qualspirale.

Jetzt biegt der Fipps den langen Ast,

Bis er den Ring der Nase faßt.

Dem Neger wird das Herze bang,

Die Seele kurz, die Nase lang.

Am Ende gibt es einen Ruck,

Und oben schwebt der Nasenschmuck.

Der Schwarze aber aß seit dieser
Begebenheit fast nur Gemüser.

Zweites Kapitel

Natürlich läßt Fipps die ekligen Sachen,
Ohne neidisch zu sein, von anderen machen.
Dagegen aber, wenn einer was tut,
Was den Anschein hat, als tät es ihm gut,
Gleich kommt er begierig und hastig herbei,
Um zu prüfen, ob's wirklich so angenehm sei.

Mal saß er an des Ufers Rand
Auf einer Palme, die dorten stand.

Ein großes Schiff liegt auf dem Meer;
Vom Schiffe schaukelt ein Kahn daher.

Im kleinen Kahn da sitzt ein Mann,
Der hat weder Schuhe noch Stiefel an;

Doch vor ihm steht ganz offenbar
Ein großes und kleines Stiefelpaar.

Das kleine, das er mit sich führt,
Ist innen mit pappigem Pech beschmiert;

Und wie der Mann an das Ufer tritt,

Bringt er die zwei Paar Stiefel mit.
Er trägt sie sorglich unter dem Arm

Und jammert dabei, daß es Gott erbarm.

Kaum aber ziehet der Trauermann
Sich einen von seinen Stiefeln an,

So mildern sich schon ganz augenscheinlich,
Die Schmerzen, die noch vor kurzem so peinlich,

Und gar bei Stiefel Numero zwei
Zeigt er sich gänzlich sorgenfrei.
Dann sucht er in fröhlichem Dauerlauf

Den kleinen Nachen wieder auf
Und läßt aus listig bedachtem Versehn
Das kleine Paar Stiefel am Lande stehn.

Ratsch, ist der Fipps vom Baum herunter,

Ziehet erwartungsvoll und munter
Die Stiefel an seine Hinterglieder,

Und schau! Der lustige Mann kommt wieder.

O weh! Die Stiefel an Fippsens Bein
Stören die Flucht. Man holt ihn ein.
Vergebens strampelt er ungestüm,

Der Schiffer geht in den Kahn mit ihm.

Zum Schiffe schaukelt und strebt der Kahn,
Das Schiff fährt über den Ozean,
Und selbiger Mann (er schrieb sich Schmidt)
Nimmt Fipps direkt nach Bremen mit.

Drittes Kapitel

Zu Bremen lebt gewandt und still

Als ein Friseur der Meister Krüll,
Und jedermann in dieser Stadt,
Wer Haare und wer keine hat,

Geht gern zu Meister Krüll ins Haus
Und kommt als netter Mensch heraus.

Auch Schmidt läßt sich die Haare schneiden.
Krüll sieht den Affen voller Freuden,

Er denkt: „Das wäre ja vor mir
Und meine Kunden ein Pläsier."
Und weil ihn Schmidt veräußern will,
So kauft und hat ihn Meister Krüll.

Es kam mal so und traf sich nun,
Daß Krüll, da anders nichts zu tun,
In Eile, wie er meistens tat,

Das Seitenkabinett betrat,
Wo er die Glanzpomade kocht,
Perücken baut und Zöpfe flocht,
Kurz, wo die kunstgeübte Hand
Vollendet, was der Geist erfand.

Zur selben Zeit erscheint im Laden,
Mit dünnem Kopf und dicken Waden,

Der schlichtbehaarte Bauer Dümmel,
Sitzt auf den Sessel, riecht nach Kümmel,
Und hofft getrost, daß man ihn schere,
Was denn auch wirklich nötig wäre.

Wipps! sitzt der Fipps auf seinem Nacken,
Um ihm die Haare abzuzwacken.

Die Schere zwickt, die Haare fliegen;
Dem Dümmel macht es kein Vergnügen.

Oha! das war ein scharfer Schnitt,
Wodurch des Ohres Muschel litt.

„Hör upp!" schreit Dümmel schmerzensbange.
Doch schon hat Fipps die Kräuselzange.

Das Eisen glüht, es zischt das Ohr,
Ein Dampfgewölk steigt draus hervor

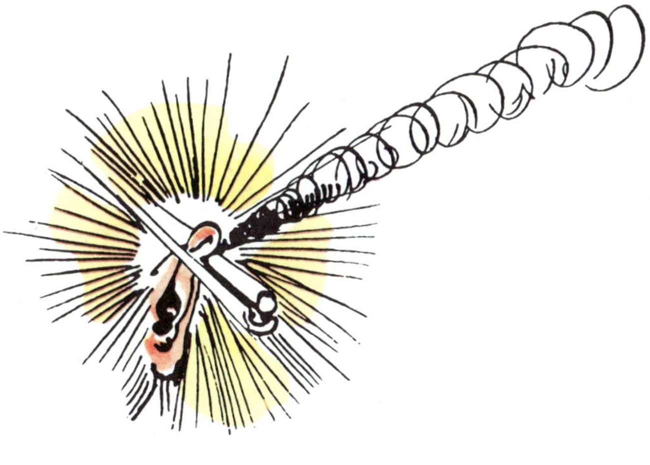

Die Schönheit dieser Welt verschwindet
Und nur der Schmerz zieht, bohrt und mündet
In diesen einen Knotenpunkt,

Den Dümmel hier ins Wasser tunkt. –

Der Meister kommt. – Hoch schwingt die Rechte,
Wie zum Gefechte, ein Flechte.

Der Spiegel klirrt, die Hand erlahmt;
Der Meister Krüll ist eingerahmt.

„Mir scheint, ich bin hier unbeliebt!"
Denkt Fipps, der sich hinwegbegibt.

Viertes Kapitel

Dämmrung war es, als Adele
Mit dem Freunde ihrer Seele,
Der so gerne Pudding aß,
Traulich bei der Tafel saß.

„Pudding", sprach er, „ist mein Bestes!"
Drum zum Schluß des kleinen Festes
Steht der wohlgeformte große
Pudding mit der roten Sauce
Braun und lieblich dampfend da,
Was der Freund mit Wonne sah.

Aber, ach du meine Güte,
Plötzlich stockt der Herzgeblüte. –

Angelockt von Wohlgerüchen
Hat sich Fipps herbeigeschlichen,
Um mit seinen giergen Händen
Diesen Pudding zu entwenden,
Hergestellt mit großem Fleiß.

Ätsch! die Sache ist zu heiß! –

Ärgerlich ist solche Hitze.
Schlapp! der Freund hat eine Mütze
Tief bis über beide Backen.

Platsch! Und in Adelens Nacken,
Tief bis unten in das Mieder,
Rinnt die rote Sauce nieder.

So wird oft die schönste Stunde

In der Liebe Seelenbunde
Durch Herbeikunft eines Dritten
Mitten durch- und abgeschnitten;
Und im Innern wehmutsvoll
Tönt ein dumpfes Kolleroll!

Fünftes Kapitel

Für Fipps wird es dringende Essenszeit. –
Mit fröhlicher Gelenkigkeit
Durch eine Seitengasse entflieht er
Und schleicht in den Laden von einem Konditer.

Da gibt es schmackhafte Kunstgebilde,
Nicht bloß härtliche, sondern auch milde;
Da winken Krapfen und Mohrenköpfe,
Künstlich geflochtene Brezen und Zöpfe;
Auch sieht man da für gemischtes Vergnügen
Mandeln, Rosinen et cetera liegen. –

„Horch!“ ruft voll Sorge Konditer Köck,

„Was rappelt da zwischen meinem Gebäck?!“

Die Sorge wandelt sich in Entsetzen,
Denn da steht Fipps mit Krapfen und Brezen.

Die Brezen trägt er in einer Reih
Auf dem Schwanz, als ob es ein Stecken sei,
Und aufgespießt, gleich wie auf Zapfen,
An allen vier Daumen sitzen die Krapfen.
Zwar Köck bemüht sich, daß er ihn greife
Hinten bei seinem handlichen Schweife,

Doch, weil er soeben den Teig gemischt,
So glitscht er ab und der Dieb entwischt.

Nichts bleibt ihm übrig als lautes Gebröll,
Und grad kommt Mieke, die alte Mamsell.
Unter hellem Gequieke fällt diese Gute
Platt auf die Steine mit Topf und Tute.

Durch ihre Beine eilt Fipps im Sprunge.
Ihn wirft ein schwärzlicher Schusterjunge

Mit dem Stulpenstiefel, der frisch geschmiert,
So daß er die schönen Krapfen verliert.

Auch wartet ein Bettelmann auf der Brücken

Mit einem Buckel und zween Krücken.

Derselbe verspürt ein großes Verlangen,

Die Brezeln vermittelst der Krücke zu fangen.

Dies kommt ihm aber nicht recht zu nütze,
Denn Fipps entzieht ihm die letzte Stütze. –

Da liegt er nun wie ein Käfer am Rücken. –

Fipps aber begibt sich über die Brücken
Und eilet gar sehr beängstigt und matt
Mit der letzten Brezel aus dieser Stadt. –

Schon ist es dunkel und nicht geheuer.

Er schwingt sich über ein Gartengemäuer.
Hier hofft er auf angenehm nächtliche Ruh. –

Klapp! schnappt die eiserne Falle zu.

Sofort tritt aus dem Wohngebäude
Ein Herr und äußert seine Freude.

„Aha!", so ruft er, „ Du bist wohl der,
Der Hühner stiehlt? Na, denn komm' her!!"

Hiermit schiebt er ihn vergnüglich
In einen Sack. Und unverzüglich
Ohne jede weitere Besichtigung

Beginnt er die schmerzhafte Züchtigung.

Drauf schließt er ihn für alle Fälle

In einen der leeren Hühnerställe,
Damit er am andern Morgen sodann
Diesen Bösewicht näher besichtigen kann.

Sechstes Kapitel

Wer vielleicht zur guten Tat
Keine rechte Neigung hat,
Dem wird Fasten und Kastein
Immerhin erfrischend sein. –

Als der Herr von gestern abend,
Fest und wohl geschlafen habend,
(Er heißt nämlich Doktor Fink)
Morgens nach dem Stalle ging,
Um zu sehn, wen er erhascht –
Ei, wie ist er überrascht,
Als bescheiden, sanft und zahm,
Demutsvoll und lendenlahm,

Fipps aus seinem Sacke steigt,
Näher tritt und sich verneigt.

Lächelnd reicht Frau Doktorin
Ihm den guten Apfel hin,
Und das dicke, runde, fette,
Nette Kindermädchen Jette
Mit der niedlichen Elise,
Ei herrje! wie lachten diese. –

Zwei nur finden's nicht am Platze;
Schnipps der Hund und Gripps die Katze,

Die nicht ohne Mißvertrauen
Diesen neuen Gast beschauen.

Fipps ist aber recht gelehrig
Und beträgt sich wie gehörig.

Morgens früh, so flink er kann,
Steckt er Fink die Pfeife an.
Fleißig trägt er dürre Reiser,
Ja, Kaffee zu mahlen weiß er,
Und sobald man musiziert,
Horcht er still, wie sich's gebührt.
Doch sein innigstes Vergnügen
Ist Elisen sanft zu wiegen,
Oder, falls sie mal verdrossen,
Zu erfreun durch schöne Possen.
Kurz, es war sein schönster Spaß,
Wenn er bei Elisen saß. –

Dafür kriegt er denn auch nun
Aus verblümtem Zitzkattun
Eine bunte und famose
Hinten zugeknöpfte Hose;
Dazu, reizend von Geschmack,
Einen erbsengrünen Frack;

Und so ist denn gegenwärtig
Dieser hübsche Junge fertig.

Siebentes Kapitel

Elise schläft in ihrer Wiegen.

Fipps paßt geduldig auf die Fliegen. –
Indessen denkt die runde Jette,
Was sie wohl vorzunehmen hätte,
Sieht eine Wespe, die verirrt
Am Fenster auf und nieder schwirrt,

Und treibt das arme Stacheltier
In eine Tute von Papier.

Sanft lächelnd reicht sie ihm die Tute,
Damit er Gutes drin vermute.

Er öffnet sie geschickt und gern,
Denn jeder Argwohn liegt ihm fern.

Schnurr pick! Der Stachel sitzt im Finger.
Der Schmerz ist gar kein so geringer.

Doch Fipps hat sich alsbald gefaßt,

Zermalmt das Ding, was ihm verhaßt,

Setzt sich dann wieder an die Wiegen
Und paßt geduldig auf die Fliegen. –
Vor allen eine ist darunter,
Die ganz besonders frech und munter.
Jetzt sitzt sie hier, jetzt summt sie da,
Bald weiter weg, bald wieder nah.

Jetzt krabbelt sie auf Jettens Jacke,

Jetzt wärmt sie sich auf Jettens Backe.
Das gute Kind ist eingenickt.
Kein Wunder, wenn sie nun erschrickt,

Denn, schlapp! die Fliege traf ein Hieb,

Woran sie starb und sitzen blieb. –

Fipps aber hockt so friedlich da,
Als ob dies alles nicht geschah,

Und schließet seine Augen zu
Mit abgefeimter Seelenruh.

Achtes Kapitel

Kaum hat mal einer ein bissel was,
Gleich gibt es welche, die ärgert das. –

Fipps hat sich einen Knochen stibitzt,
Wo auch noch ziemlich was drannen sitzt.

Neidgierig hocken im Hintergrund
Gripps der Kater und Schnipps der Hund.

Wauwau! Sie sausen von ihrem Platze.

Happs! macht der Hund, kritzekratze! die Katze,
Daß Fipps in ängstlichem Seelendrang
Eilig auf einen Schrank entsprang,
Allwo man aufbewahren tät

Mancherlei nützliches Handgerät.

Und Gripps der Kater und Schnipps der Hund
Schleichen beschämt in den Hintergrund.

Fipps aber knüpft mit der Hand gewandt
Den Knochen an ein Band, das er fand,

Und schlängelt dasselbe voller List
Durch einen Korb, welcher löchricht ist.

Sogleich folgt Gripps dem Bratengebein

Bis tief in das Korbgeflecht hinein.

Schwupp! hat ihn der Fipps drin festgedrückt,
Und mit der Zange, die beißt und zwickt,
Entfernt er sorgsam die scharfen Klauen.

Ach, wie so kläglich muß Gripps miauen,
Denn gerade in seinen Fingerspitzen
Hat er die peinlichsten Nerven sitzen.

Jetzt wird auch noch der Schweif gebogen
Und durch des Korbes Henkel gezogen.

Mit einer Klammer versieht er ihn,
Damit er nicht leichtlich herauszuziehn.
Schnipps der Hund schnappt aber derweilen
Den Knochen und möchte von dannen eilen.

Dies gelingt ihm jedoch nicht ganz,

Denn Fipps erwischt ihn bei seinem Schwanz

Und schwingt ihn solchermaßen im Kreis,
Bis er nichts Gescheites mehr zu denken weiß.

Hiernach, gewissermaßen als Schlitten,
Ziehet er ihn in des Hofes Mitten

Und läßt ihn dorten
mal soeben

Über den Abgrund des
Brunnens schweben,

Wo ein schwäch- und
ängstlich Gemüt

Nur ungern hängt
und hinuntersieht.

Drauf so führt er ihn
hinten nach

An des Daches Rinne
bis auf das Dach

Und lehnt ihn über den Schlot allhier.
Draus gehet ein merklicher Dampf herfür. –
Dem Auge höchst peinlich ist der Rauch,
Auch muß man niesen und husten auch,
Und schließlich denkt man nichts weiter als bloß:
„Jetzt wird's mir zu dumm, und ich lasse los!" –
So wird dieser Rauch immer stärker und stärker.
Schnipps fällt rücküber und auf den Erker,

Und Gripps, der gerad aus der Luke fährt,
Fühlt plötzlich, ihm wird der Korb beschwert.

Hulterpulter, sie rumpeln in großer Hast

Vom Dach und baumeln an einem Ast.

Hier trennt man sich nicht ohne Pein

Und jeder ist wieder

für sich allein.

Seitdem war Fipps von diesen zween

Als Meister verehrt und angesehn.

Neuntes Kapitel

Mit Recht erscheint uns das Klavier,
Wenn's schön poliert, als Zimmerzier.
Ob's außerdem Genuß verschafft,
Bleibt hin und wieder zweifelhaft.

Auch Fipps fühlt sich dazu getrieben,
Die Kunst in Tönen auszuüben.

Er zeigt sich wirklich recht gewandt,
Selbst mit der linken Hinterhand.

Und braucht er auch die Rechte noch,
Den Apfel, den genießt er doch.

Zu Kattermäng gehören zwei,
Er braucht sich bloß allein dabei.

Piano klingt auf diese Weise
Besonders innig, weich und leise.

Jetzt stimmen ein mit Herz und Mund
Der Kater Gripps und Schnipps der Hund.

Bei dem Duett sind stets zu sehn
Zwei Mäuler, welche offenstehn.

Oft wird es einem sehr verdacht,
Wenn er Geräusch nach Noten macht.

Der Künstler fühlt sich stets gekränkt,
Wenn's anders kommt, als wie er denkt.

Zehntes Kapitel

Wöhnlich im Wechselgespräch beim angenehm
schmeckenden Portwein

Saßen Professor Klöhn und Fink, der würdige Doktor.
Aber jener beschloß, wie folgt, die belehrende Rede:

„Oh, verehrtester Freund! Nichts gehet doch über die hohe
Weisheit der Mutter Natur. – Sie erschuf ja so mancherlei
Kräuter,

Harte und weiche zugleich, doch letztere mehr zu Gemüse.

Auch erschuf sie die Tiere, erfreulich, harmlos und nutzbar;
Hüllte sie außen in Häute, woraus man Stiefel verfertigt,
Füllte sie innen mit Fleisch von sehr beträchtlichem Nährwert;

Aber erst ganz zuletzt, damit er es dankend benutze,
Schuf sie des Menschen Gestalt und verlieh ihm die Öffnung
des Mundes.

Aufrecht stehet er da, und alles erträgt er mit Würde."

Also sprach der Professor, erhub sich und setzte den Hut auf.

Wehe, die Nase hernieder, ins Mundloch rieselt die Tinte.

Wehe, durch Gummi verklebt, fest haftet das nützliche
Sacktuch.

Drohend mit Zorngebärde erhebt er den schlanken
Spazierstock.

Autsch! Ein schmerzlich Geflecht umschlingt den schwellenden Daumen.

Hastig begibt er sich fort; indessen die Würde ist mäßig.

Elftes Kapitel

Wie gewöhnlich liest die Jette
Wieder nachts in ihrem Bette.

Auf dem Kopf hat sie die Haube,
In der Hand die Gartenlaube.

Hieran will sie sich erfreu'n,

Duselt, nickt und schlummert ein.
An das Unschlittkerzenlicht
Daran freilich denkt sie nicht. –

Erst brennt nur die Zeitungsecke,

Dann der Vorhang, dann die Decke.
Schließlich brennt das ganze Haus;

Unten läuft man schon heraus. –

Vater Fink, er läuft nicht schlecht,
Trägt den treuen Stiefelknecht.

Mutter Fink, besorgt vor allen,
Rettet ihre Mäusefallen.

Jette schwebt vom Fensterrand;
Sie ist etwas angebrannt.

Doch sie sinkt ins Regenfaß,

Wo es drinnen kühl und naß. –

Also sicher wären diese. –

Aber ach, wo ist Elise??!

Seht nach oben! Fipps, der Brave,
Hält das Kind, was fest im Schlafe.

Aus dem Fenster, hoch im Raume,
Schwingt er sich zum nächsten Baume.

Höchst besorgt wie eine Amme,
Rutscht er abwärts an dem Stamme.

Sanft legt er Elisen nieder.
Sie hat ihre Eltern wieder;
Und die Flasche steht dabei,
Falls Elise durstig sei. –

Zwölftes Kapitel

Fink hat versichert, Gott Lob und Dank,
Bei der Aachener Feuerversicherungsbank,
Und nach zwei Jahren so ungefähr
Wohnt er weit schöner als wie vorher. –

Fipps natürlich der hat es seitdem

In jeder Hinsicht sehr angenehm. –
Dies aber wird ihm im höchsten Grad
Unerträglich und wirklich fad.
Denn, leider Gottes, so ist der Schlechte,
Daß er immer was anderes möchte.
Auch hat er ein höchst verruchtes Gelüst,
Grad so zu sein, wie er eben ist.

Mal traf es sich, daß die Familie Fink
Zusammen aus- und spazierenging,
Um nebst Besorgung von anderen Sachen
Professor Klöhn einen Besuch zu machen. –

Fipps sehnt sich förmlich nach bösen Streichen.

Sein Plan steht fest. Er will entweichen.

Schon ist er im Feld. Die Hasen fliehn.
Einen Wanderer sieht man des Weges ziehn.

Sehr heftig erschrickt der Wandersmann.
Die Töpfersfrau geht still voran.

Zuweilen fällt das Topfgeschirr,
Und dann zerbricht es mit großem Geklirr.
In jenem Haus da, so fügt's der Himmel,
Wohnt grad der bewußte Bauer Dümmel;

Und Dümmels Küchlein piepsen bang,
Denn Fipps zieht ihnen die Hälse lang.

Da steht auch Dümmels kleiner Sohn
Mit dem Butterbrot. – Fipps hat es schon.

Des kleinen Dümmels durchdringender Schrei
Lockt seine erschrockene Mutter herbei.

Mit den Schreckensworten: „Da kummt de Dübel!!"
Fällt sie in einen dastehenden Kübel.

Doch Dümmel schreit und kennt ihn gleich wieder:
„Dat is de verdammtige Haresnieder!"

Schnell faßt er die Flinte, ein Schießeding,
Was da seit Anno funfzehn hing.

Auch sammeln sich eilig von jeglicher Seite
Die Nachbarsleute, gerüstet zum Streite.

Sie alle machen großmächtige Schritte,

Und plötzlich ruft einer: „Kiek, kiek, da sitte'e!"
Jetzt harrt ein jeglicher ängstlich und stumm.

Dümmel legt an. – Er zielt. – Er drückt. –

Dann geht es: Wumm!!
Groß ist der Knall und der Rückwärtsstoß,
Denn jahrelang ging diese Flinte nicht los.

Ende

Wehe! Wehe! Dümmel zielte wacker.
Fipps muß sterben, weil er so ein Racker. –

Wie durch Zufall kommen alle jene,
Die er einst gekränkt, zu dieser Szene.

Droben auf Adelens Dienersitze
Thront der Schwarze mit dem Nasenschlitze.
Mieke, Krüll und Köck mit seinem Bauch,
Wandrer, Töpfersfrau, der Bettler auch;
Alle kommen; doch von diesen allen
Läßt nicht einer eine Träne fallen.
Auch ist eine solche nicht zu sehn
In dem Auge von Professor Klöhn,
Der mit Fink und Frau und mit Elisen
Und Jetten wandelt durch die Wiesen.
Nur Elise faßte Fippsens Hand,
Während ihr das Aug voll Tränen stand.

„Armer Fipps!" so spricht sie herzig treu.
Damit stirbt er. Alles ist vorbei.

Man begrub ihn hinten in der Ecke,
Wo in Finkens Garten an der Hecke
All die weißen Doldenblumen stehn.
Dort ist, sagt man, noch sein Grab zu sehn.
Doch, daß Kater Gripps und Schnipps der Hund
Ganz untröstlich, sagt man ohne Grund.

Plisch und Plum

Erstes Kapitel

Eine Pfeife in dem Munde,
Unterm Arm zwei junge Hunde

Trug der alte Kaspar Schlich. –
Rauchen kann er fürchterlich.
Doch, obschon die Pfeife glüht,
Oh, wie kalt ist sein Gemüt! –

„Wozu“ – lauten seine Worte
„Wozu nützt mir diese Sorte?
Macht sie mir vielleicht Pläsier?
Einfach nein! erwidr' ich mir.
Wenn mir aber was nicht lieb,
Weg damit! ist mein Prinzip.“

An dem Teiche steht er still,
Weil er sie ertränken will.

Ängstlich strampeln beide kleinen
Quadrupeden mit den Beinen;
Denn die innre Stimme spricht:
Der Geschichte trau ich nicht! –

Hubs! fliegt einer schon im Bogen.

Plisch! da glitscht er in die Wogen.

Hubs der zweite hinterher.

Plum!! damit verschwindet er.

„Abgemacht!" rief Kaspar Schlich,
Dampfte und entfernte sich.

Aber hier, wie überhaupt,
Kommt es anders als man glaubt.
Paul und Peter, welche grade
Sich entblößt zu einem Bade,
Gaben still verborgen acht,
Was der böse Schlich gemacht.

Hurtig und den Fröschen gleich
Hupfen beide in den Teich.

Jeder bringt in seiner Hand
Einen kleinen Hund ans Land.

„Plisch" – rief Paul – „so nenn ich meinen."
Plum – so nannte Peter seinen.

Und so tragen Paul und Peter

Ihre beiden kleinen Köter
Eilig, doch mit aller Schonung,
Hin zur elterlichen Wohnung.

Zweites Kapitel

Papa Fittig, treu und friedlich,
Mama Fittig, sehr gemütlich,
Sitzen, Arm in Arm geschmiegt,

Sorgenlos und stillvergnügt
Kurz vor ihrem Abendschmause
Noch ein wenig vor dem Hause,
Denn der Tag war ein gelinder,
Und erwarten ihre Kinder.

Sieh, da kommen alle zwei,
Plisch und Plum sind auch dabei. –
Dies scheint aber nichts für Fittig.

Heftig ruft er: „Na, da bitt ich!"
Doch Mama mit sanften Mienen:
„Fittig!!" – bat sie – „gönn' es ihnen!!"

Angerichtet stand die frische
Abendmilch schon auf dem Tische.

Freudig eilen sie ins Haus;
Plisch und Plum geschwind voraus.

Ach, da stehn sie ohne Scham
Mitten in dem süßen Rahm
Und bekunden ihr Behagen
Durch ein lautes Zungenschlagen.

Schlich, der durch das Fenster sah,
Ruft verwundert: „Ei, sieh da!
Das ist freilich ärgerlich,
Hehe! aber nicht für mich!!“

Drittes Kapitel

Paul und Peter, ungerührt,
Grad als wäre nichts passiert,
Ruhn in ihrem Schlafgemach;
Denn was fragen sie darnach.
Ein und aus durch ihre Nasen
Säuselt ein gelindes Blasen.

Plisch und Plum hingegen scheinen
Noch nicht recht mit sich im reinen

In betreff der Lagerstätte.

Schließlich gehn sie auch zu Bette.

Unser Plisch, gewohnterweise,
Dreht sich dreimal erst im Kreise.
Unser Plum dagegen zeigt
Sich zur Zärtlichkeit geneigt.

Denen, die der Ruhe pflegen,
Kommen manche ungelegen.

„Marsch!“ – Mit diesem barschen Wort
Stößt man sie nach außen fort. –

Kühle weckt die Tätigkeit;
Tätigkeit verkürzt die Zeit.

Sehr willkommen sind dazu
Hier die Hose, da der Schuh;
Welche, eh der Tag beginnt,

Auch bereits verändert sind.

Für den Vater, welch ein Schrecken,
Als er kam und wollte wecken.

Der Gedanke macht ihn blaß,
Wenn er fragt: Was kostet das?

Schon will er die Knaben strafen,
Welche tun, als ob sie schlafen.

Doch die Mutter fleht: „Ich bitt dich,
Sei nicht grausam, bester Fittig!!“
Diese Worte liebevoll
Schmelzen seinen Vatergroll.

Paul und Peter ist's egal.
Peter geht vorerst einmal
In zwei Schlapp-Pantoffeln los,
Paul in seiner Zackenhos'.

Plisch und Plum, weil ohne Sitte,
Kommen in die Hundehütte.

„Ist fatal!“ – bemerkte Schlich –
„Hehe! aber nicht für mich!“

Viertes Kapitel

Endlich fing im Drahtgehäuse

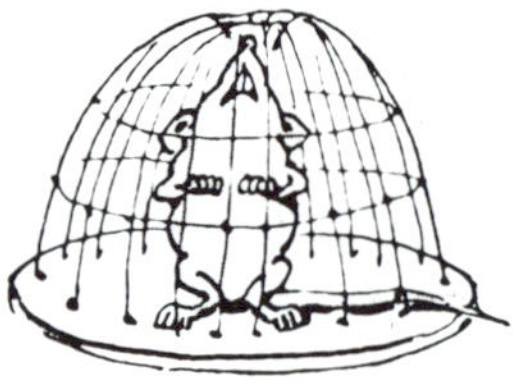

Sich die frechste aller Mäuse,
Welche Mama Fittig immer,
Bald im Keller, bald im Zimmer
Und besonders bei der Nacht,
Fürchterlich nervös gemacht.

Dieses gibt für Plisch und Plum
Ein erwünschtes Gaudium;
Denn jetzt heißt es: „Mal heraus,
Alte, böse Knuspermaus!“

Husch! Des Peters Hosenbein,

Denkt sie, soll ihr Schutz verleihn.

Plisch verfolgt sie in das Rohr;
Plum steht anderseits davor.

Knipp! In sein Geruchsorgan
Bohrt die Maus den Nagezahn.

Plisch will sie am Schwanze ziehn,

Knipp! Am Ohre hat sie ihn.

Siehst du wohl, da läuft sie hin
In das Beet der Nachbarin.

Kritzekratze, wehe dir,
Du geliebte Blumenzier!

Madam Kümmel will soeben
Öl in ihre Lampe geben.

Fast wäre ihr das Herz geknickt,
Als sie in den Garten blickt.

Sie beflügelt ihren Schritt,
Und die Kanne bringt sie mit.

Zornig, aber mit Genuß,
Gibt sie jedem einen Guß;
Erst dem Plisch und dann dem Plum.

Scharf ist das Petroleum;

Und die Wirkung, die es macht,
Hat Frau Kümmel nicht bedacht.

Aber was sich nun begibt,
Macht Frau Kümmel so betrübt,
Daß sie, wie von Wahn umfächelt,
Ihre Augen schließt und lächelt.

Mit dem Seufzerhauche: U!
Stößt ihr eine Ohnmacht zu.

Paul und Peter, frech und kühl,
Zeigen wenig Mitgefühl;
Fremder Leute Seelenschmerzen
Nehmen sie sich nicht zu Herzen.

„Ist fatal" – bemerkte Schlich –
„Hehe! aber nicht für mich."

Fünftes Kapitel

Kurz die Hose, lang der Rock,
Krumm die Nase und der Stock,
Augen schwarz und Seele grau,
Hut nach hinten, Miene schlau –

So ist Schmulchen Schievelbeiner.
(Schöner ist doch unsereiner!)

Er ist grad vor Fittigs Tür;
Rauwauwau! erschallt es hier. –
Kaum verhallt der rauhe Ton,

So erfolgt das Weitre schon.

Und wie schnell er sich auch dreht,
Ach, er fühlt, es ist zu spät;

Unterhalb des Rockelores
Geht sein ganze Sach kapores.

Soll ihm das noch mal passieren?
Nein, Vernunft soll triumphieren.

Schnupp! Er hat den Hut im Munde.

Staunend sehen es die Hunde,
Wie er so als Quadruped
Rückwärts nach der Türe geht,

Wo Frau Fittig nur mal eben
Sehen will, was sich begeben. –

Sanft, wie auf die Bank von Moos,

Setzt er sich in ihren Schoß.

Fittig eilte auch herbei. –

„Wai!" – rief Schmul – „ich bin entzwei!
Zahlt der Herr von Fittig nicht,
Werd ich klagen bei's Gericht!"

Er muß zahlen. – Und von je
Tat ihm das doch gar so weh.

Auf das Knabenpaar zurück
Wirft er einen scharfen Blick,

So, als ob er sagen will:
„Schämt euch nur, ich schweige still!"
Doch die kümmern sich nicht viel
Um des Vaters Mienenspiel. –

„Ist fatal!" – bemerkte Schlich –
„Hehe! aber nicht für mich!"

Sechstes Kapitel

Plisch und Plum, wie leider klar,
Sind ein niederträchtig Paar;

Niederträchtig, aber einig,
Und in letzter Hinsicht mein ich,
Immerhin noch zu verehren;
Doch wie lange wird es währen?
Bösewicht mit Bösewicht –
Auf die Dauer geht es nicht.

Vis-à-vis im Sonnenschein
Saß ein Hündchen hübsch und klein,

Dieser Anblick ist für beide
Eine unverhoffte Freude.

Jeder möchte vorne stehen,
Um entzückt hinauf zu spähen.

Hat sich Plisch hervorgedrängt,
Fühlt der Plum sich tief gekränkt.

Drängt nach vorne sich der Plum,
Nimmt der Plisch die Sache krumm.

Schon erhebt sich dumpfes Grollen,
Füße scharren, Augen rollen,

Und der heiße Kampf beginnt;

Plum muß laufen, Plisch gewinnt.

Mama Fittig machte grad
Pfannenkuchen und Salat,
Das bekannte Leibgericht,
Was so sehr zum Herzen spricht.

Hurr! Da kommt mit Ungestüm
Plum, und Plisch ist hinter ihm.

Schemel, Topf und Kuchenbrei
Mischt sich in die Beißerei. –
„Warte, Plisch! du Schwerenöter!"
Damit reichte ihm der Peter

Einen wohlgezielten Hieb. –
Das ist aber Paul nicht lieb.

„Warum schlägst du meinen Köter?"
Ruft der Paul und haut den Peter.

Dieser auch nicht angefroren,
Klatscht dem Paul um seine Ohren.

Jetzt wird's aber desperat. –
Ach, der köstliche Salat
Dient den aufgeregten Geistern,
Sich damit zu überkleistern.

Papa Fittig kommt gesprungen
Mit dem Stocke hochgeschwungen.

Mama Fittig, voller Güte,
Daß sie dies Malör verhüte:
„Bester Fittig" ruft sie – „fass' dich!"
Dabei ist sie etwas hastig.

Ihre Haube, zartumflort,
Wird von Fittigs Stock durchbohrt.

„Hehe!“ – lacht der böse Schlich –
„Wie ich sehe, hat man sich!“

Wer sich freut, wenn wer betrübt,
Macht sich meistens unbeliebt.

Lästig durch die große Hitze
Ist die Pfannenkuchenmütze.

„Höchst fatal!“ – bemerkte Schlich –
„Aber diesmal auch für mich!“

Siebentes Kapitel

Seht, da sitzen Plisch und Plum
Voll Verdruß und machen brumm!

Denn zwei Ketten, gar nicht lang,
Hemmen ihren Tatendrang.

Und auch Fittig hat Beschwerden.
„Dies“ – denkt er – „muß anders werden!
Tugend will ermuntert sein,
Bosheit kann man schon allein!“

Daher sitzen Paul und Peter
Jetzt vor Bokelmanns Katheder;
Und Magister Bokelmann
Hub, wie folgt, zu reden an:

„Geliebte Knaben, ich bin erfreut,
Daß ihr nunmehro gekommen seid,
Um, wie ich hoffe, mit allen Kräften
Augen und Ohren auf mich zu heften. –
Zum ersten: Lasset uns fleißig betreiben
Lesen, Kopf-, Tafelrechnen und Schreiben,
Alldieweil der Mensch durch sotane Künste
zu Ehren gelanget und Brotgewinste.

Zum zweiten: Was würde das aber besagen
Ohne ein höfliches Wohlbetragen;
Denn wer nicht höflich nach allen Seiten,
Hat doch nur lauter Verdrießlichkeiten,
Darum zum Schlusse, – denn sehet, so bin ich –
Bitt ich euch dringend, inständigst und innig

Habt ihr beschlossen in eurem Gemüte,
Meiner Lehre zu folgen in aller Güte,
So reichet die Hände und blicket mich an
Und sprechet: Jawohl Herr Bokelmann!"

Paul und Peter denken froh:
„Alter Junge, bist du so??"

Keine Antwort geben sie,
Sondern machen bloß hihi!
Worauf er, der leise pfiff,
Wiederum das Wort ergriff.

„Dieweil ihr denn gesonnen" – so spricht er –
„Euch zu verhärten als Bösewichter,
So bin ich gesonnen, euch dahingegen
Allhier mal über das Pult zu legen,
Um solchermaßen mit einigen Streichen
Die harten Gemüter euch zu erweichen."

Flugs hervor aus seinem Kleide,
Wie den Säbel aus der Scheide,
Zieht er seine harte, gute,
Schlanke, schwanke Haselrute,
Faßt mit kund'ger Hand im Nacken
Paul und Peter bei den Jacken

Und verklopft sie so vereint,
Bis es ihm genügend scheint.

„Nunmehr" – so sprach er in guter Ruh –
„Meine lieben Knaben, was sagt ihr dazu??

Seid ihr zufrieden und sind wir einig??"
„Jawohl, Herr Bokelmann!" riefen sie schleunig.

Dies ist Bokelmanns Manier.
Daß sie gut, das sehen wir.
Jeder sagte, jeder fand:

„Paul und Peter sind scharmant!!"

Aber auch für Plisch und Plum
Nahte sich das Studium
Und die nötige Dressur,

Ganz wie Bokelmann verfuhr.

Bald sind beide kunstgeübt,
Daher allgemein beliebt,
Und, wie das mit Recht geschieht,
Auf die Kunst folgt der Profit.

Schluß

Zugereist in diese Gegend,
Noch viel mehr als sehr vermögend,
In der Hand das Perspektiv,
Kam ein Mister namens Pief.

„Warum soll ich nicht beim Gehen" –
Sprach er – „in die Ferne sehen.
Schön ist es auch anderswo,
Und hier bin ich sowieso."

Hierbei aber stolpert er

In den Teich und sieht nichts mehr.

„Paul und Peter, meine Lieben,
Wo ist denn der Herr geblieben?"

Fragte Fittig, der mit ihnen
Hier spazieren geht im Grünen.
Doch wo der geblieben war,
Wird ihm ohne dieses klar.

Ohne Perspektiv und Hut
Steigt er ruhig aus der Flut.

„Alleh, Plisch und Plum, apport!"
Tönte das Kommandowort.

Streng gewöhnt an das Parieren,
Tauchen sie und apportieren
Das Vermißte prompt und schnell.
Mister Pief sprach: Weriwell!
Diese zwei gefallen mir!

Wollt ihr hundert Mark dafür?"
Drauf erwidert Papa Fittig
Ohne weiteres: „Ei, da bitt ich."

Er fühlt sich wie neu gestärkt,
Als er soviel Geld bemerkt.

„Also Plisch und Plum, ihr beiden,
Lebet wohl, wir müssen scheiden,
Ach, an dieser Stelle hier,
Wo vor einem Jahr wir vier
In so schmerzlich süßer Stunde
Uns vereint zum schönen Bunde;
Lebt vergnügt und ohne Not,
Beefsteak sei euer täglich Brot!"

Schlich, der auch herbeigekommen,
Hat dies alles wahrgenommen.
Fremdes Glück ist ihm zu schwer.
„Recht erfreulich!" murmelt er –
„Aber leider nicht für mich!!"

Plötzlich fühlt er einen Stich,
Kriegt vor Not den Seelenkrampf,
Macht geschwind noch etwas Dampf,
Fällt ins Wasser, daß es zischt,

Und der Lebensdocht erlischt. –

Einst belebt von seinem Hauche,
Jetzt mit spärlich mattem Rauche
Glimmt die Pfeife noch so weiter
Und verzehrt die letzten Kräuter.
Noch ein Wölkchen blau und kraus –
Phütt! ist die Geschichte

Maler Klecksel

Erstes Kapitel

Das Reden tut dem Menschen gut,
Wenn man es nämlich selber tut,
Von Angstprodukten abgesehn;
Denn so etwas bekommt nicht schön.

Die Segelflotte der Gedanken,
Wie fröhlich fährt sie durch die Schranken
Der aufgesperrten Mundesschleuse
Bei gutem Winde auf die Reise
Und steuert auf des Schalles Wellen
Nach den bekannten offnen Stellen
Am Kopfe, in des Ohres Hafen
Der Menschen, die mitunter schlafen.

Vor allen der Politikus
Gönnt sich der Rede Vollgenuß;
Und wenn er von was sagt, so sei's,
Ist man auch sicher, daß er's weiß.

Doch andern, darin mehr zurück,
Fehlt dieser unfehlbare Blick.
Sie lockt das zartere Gemüt
Ins anmutreiche Kunstgebiet,
Wo grade, wenn man nichts versteht,
Der Schnabel um so leichter geht.

Fern liegt es mir, den Freund zu rügen,
Dem Tee zu kriegen ein Vergnügen
Und im Salon mit geistverwandten
Ästhetisch durchgeglühten Tanten
Durch Reden bald und bald durch Lauschen
Die Seelen säuselnd auszutauschen.
Auch tadl' ich keinen, wenn's ihn gibt,
Der diese Seligkeit nicht liebt,
Der keinen Tee mag, selbst von Engeln,
Dem's da erst wohl, wo Menschen drängeln.
Ihn fährt die Droschke, zieht das Herz
Zu schönen Opern und Konzerts,
Die auch im Grund, was nicht zu leugnen,
Zum Zwiegespräch sich trefflich eignen.
Man sitzt gesellig unter vielen
So innig nah auf Polsterstühlen,
Man ist so voll humaner Wärme;
Doch ewig stört uns das Gelärme,
Das Grunzen, Plärren und Gegirre
Der musikalischen Geschirre,
Die eine Schar im schwarzen Fracke
Mit krummen Fingern, voller Backe,
Von Meister Zappelmann gehetzt,
Hartnäckig in Bewegung setzt.
So kommt die rechte Unterhaltung
Nur ungenügend zur Entfaltung.

Ich bin daher, statt des Gewinsels,
Mehr für die stille Welt des Pinsels;
Und, was auch einer sagen mag,
Genußreich ist der Nachmittag,
Den ich inmitten schöner Dinge
Im lieben Kunstverein verbringe;
Natürlich meistenteils mit Damen.
Hier ist das Reich der goldnen Rahmen,
Hier herrschen Schönheit und Geschmack,
Hier riecht es angenehm nach Lack;
Hier gibt die Wand sich keine Blöße,
Denn Prachtgemälde jeder Größe
Bekleiden sie und warten ruhig
Bis man sie würdigt, und das tu ich.
Mit scharfem Blick, nach Kennerweise,
Seh ich zunächst mal nach dem Preise,
Und bei genauerer Betrachtung
Steigt mit dem Preise auch die Achtung.
Ich blicke durch die hohle Hand,
Ich blinzle, nicke: „Ah scharmant!
Das Kolorit, die Pinselführung,
Die Farbentöne, die Gruppierung,
Dies Lüster, diese Harmonie,
Ein Meisterwerk der Phantasie.
Ach, bitte, seh'n Sie nur, Komteß!"
Und die Komteß, sich unterdes
Im duftigen Battiste schneuzend,
Erwidert schwärmerisch: „Oh, wie reizend!"

Und wahrlich! Preis und Dank gebührt
Der Kunst, die diese Welt verziert.

Der Architekt ist hochverehrlich
(Obschon die Kosten oft beschwerlich),
Weil er uns uns're Erdenkruste,
Die alte, rauhe und berußte,
Mit saubern Baulichkeiten schmückt,
Mit Türmen und Kasernen spickt.

Der Plastiker, der uns ergötzt,
Weil er die großen Männer setzt,
Grauschwärzlich, grünlich oder weißlich,
Schon darum ist er löb- und preislich,
Daß jeder, der z. B. fremd,
Soeben erst vom Bahnhof kömmt,
In der ihm unbekannten Stadt
Gleich den bekannten Schiller hat.

Doch größern Ruhm wird der verdienen,
Der Farben kauft und malt mit ihnen.

Wer weiß die Hallen und dergleichen
So welthistorisch zu bestreichen?
Alfresko und für ewig fast,
Wenn's mittlerweile nicht verblaßt.
Wer liefert uns die Genresachen,
So rührend oder auch zum Lachen?
Wer schuf die grünen Landschaftsbilder,
Die Wirtshaus- und die Wappenschilder?
Wer hat die Reihe deiner Väter
Seit tausend Jahren oder später
So meisterlich in Öl gesetzt?
Wer wird vor allen hochgeschätzt?
Der Farbenkünstler! Und mit Grund!
Er macht uns diese Welt so bunt.

Drum, o Jüngling, fasse Mut;
Setz auf den hohen Künstlerhut
Und wirf dich auf die Malerei;
Vielleicht verdienst du was dabei.

Nach diesem ermunterungsvollen Vermerke
Fahren wir fort im löblichen Werke.

Zweites Kapitel

Nachdem die Welt so manches Jahr
Im alten Gleis gegangen war,
Erfuhr dieselbe unvermutet,
Daß, als der Wächter zwölf getutet,
Bei Klecksels, wohnhaft Nr. 3,
Ein Knäblein angekommen sei. –
Bald ist's im Kirchenbuch zu lesen;
Denn wer bislang nicht dagewesen,
Wer so als gänzlich Unbekannter,
Nunmehr als neuer Anverwandter
Ein glücklich Elternpaar besucht,
Wird flugs verzeichnet und gebucht.
Kritzkratz! Als kleiner Weltphilister
Steht Kuno Klecksel im Register. –

Früh zeigt er seine Energie,

Indem er ausdermaßen schrie;
Denn früh belehrt ihn die Erfahrung
Sobald er schrie, bekam er Nahrung.

Dann lutscht er emsig und behende,

Bis daß die Flüssigkeit zu Ende.

Auch schien's ihm höchst verwundersam,
Wenn jemand mit der Lampe kam,
Er staunt, er glotzt, er schaut verquer,
Folgt der Erscheinung hin und her

Und weidet sich am Lichteffekt.
Man sieht bereits, was in ihm steckt.

Schnell nimmt er zu, wird stark und feist
An Leib nicht minder wie an Geist,
Und zeigt bereits als kleiner Knabe

Des Zeichnens ausgeprägte Gabe.
Zunächst mit einem Schieferstiele
Macht er Gesichter im Profile;

Zwei Augen aber fehlen nie,
Denn die, das weiß er, haben sie.

Durch Übung wächst der Menschenkenner.
Bald macht er auch schon ganze Männer
Und zeichnet fleißig, oft und gern
Sich einen wohlbeleibten Herrn.

Und nicht nur, wie er außen war,
Nein, selbst das Innere stellt er dar.

Hier thront der Mann auf einem Sitze
Und ißt z. B. Hafergrütze.
Der Löffel führt sie in den Mund,
Sie rinnt und rieselt durch den Schlund.
Sie wird, indem sie weiterläuft,
Sichtbar im Bäuchlein angehäuft. –

So blickt man klar, wie selten nur,
Ins innre Walten der Natur. –

Doch ach! wie bald wird uns verhunzt
Die schöne Zeit naiver Kunst;
Wie schnell vom elterlichen Stuhle
Setzt man uns auf die Bank der Schule!

Herr Bötel nannte sich der Lehrer,
Der, seinerseits kein Kunstverehrer,
Mehr auf das Praktische beschränkt,
Dem Kuno seine Studien lenkt.

Einst an dem schwarzen Tafelbrett

Malt Kuno Böteln sein Portrett.

Herr Bötel, der es nicht bestellt,
Auch nicht für sprechend ähnlich hält,

Schleicht sich herzu in Zornerregung;
Und unter heftiger Bewegung
Wird das Gemälde ausgeputzt.

Der Künstler wird als Schwamm benutzt.

Bei Kuno ruft dies Ungemach
Kein Dankgefühl im Busen wach.

Ein Kirchenschlüssel, von Gestalt
Ehrwürdig, rostig, lang und alt,
Durch Kuno hinten angefeilt,
Wird fest mit Pulver vollgekeilt.
Zu diesem ist er im Besitze
Von einer oft erprobten Spritze;
Und da er einen Schlachter kennt,
Füllt er bei ihm sein Instrument.

Die Nacht ist schwarz, Herr Bötel liest.

Bums! hört er, daß man draußen schießt.

Er denkt: was mag da vor sich gehn?

Ich muß mal aus dem Fenster sehn.

Es zischt der Strahl, von Blut gerötet;

Herr Bötel ruft: „Ich bin getötet!"

Mit diesen Worten fällt er nieder

Und streckt die schreckgelähmten Glieder.
Frau Bötel war beim Tellerspülen;
Sie kommt und schreit mit Angstgefühlen:
„Ach Bötel! lebst du noch, so sprich!"

„Kann sein!" – sprach er – „Man wasche mich!"

Bald zeigt sich, wie die Sache steht.
Herr Bötel lebt und ist komplett.
Er ruft entrüstet und betrübt:
„Das hat der Kuno ausgeübt!" –

Wenn wer sich wo als Lump erwiesen,
So bringt man in der Regel diesen
Zum Zweck moralischer Erhebung
In eine andere Umgebung.
Der Ort ist gut, die Lage neu,
Der alte Lump ist auch dabei. –

Nach diesem schon öfters erprobten Vermerke
Fahren wir fort im löblichen Werke.

Drittes Kapitel

Alsbald nach dieser Spritzaffäre
Kommt unser Kuno in die Lehre
Zum braven Malermeister Quast;

Ein Mann, der seine Kunst erfaßt,
Ein Mann, der trefflich tapeziert
Und Ofennischen marmoriert,

Und dem für künstlerische Zwecke
Erreichbar selbst die höchste Decke.

Der Kunstbetrieb hat seine Plagen.

Viel Töpfe muß der Kuno tragen.
Doch gerne trägt er einen Kasten
Mit Vesperbrot für sich und Quasten.

Es fiel ihm auf, daß jeder Hund
Bei diesem Kasten stille stund.

Ei! – denkt er – das ist ja famos!

Und macht den Deckel etwas los.

Ein Teckel, der den Deckel lupft,

Wird eingeklemmt und angetupft,
So daß er buntgefleckelt ward,
Fast wie ein junger Leopard.

Ein Windspiel, das des Weges läuft

Und naschen will, wird quer gestreift;
Es ist dem Zebra ziemlich ähnlich,
Nur schlanker als wie dies gewöhnlich.

Ein kleiner Bulldogg, der als dritter
Der Meinung ist, daß Wurst nicht bitter,

Wird reizend grün und gelb kariert,
Wie's einem Inglischmän gebührt.

Ungern bemerkt dies Meister Quast.

Ihm ist die Narretei verhaßt;
Er liebte keine Zeitverschwendung
Und falsche Farbestoffverwendung.

Er schwieg. Doch als die Stunde kam,
Wo man die Vespermahlzeit nahm,
Da sprach er mild und guten Mutes:

„Ein guter Mensch kriegt auch was Gutes!"
Er schnitt vom Brot sich einen Fladen.

Der Kuno wird nicht eingeladen.

Er greift zur Wurst. Er löst die Haut.
Der Kuno steht dabei und schaut.

Die Wurst verschwindet allgemach.

Der Kuno blickt ihr schmachtend nach. –
Die Wurst verschwand bis auf die Schläue.

Der Kuno weint der Tränen zweie.
Doch Meister Quast reibt frohbedächtig

Den Leib und spricht: „Das schmeckte prächtig
Heute abend laß ich nichts mehr kochen!" –

Er hält getreu, was er versprochen;
Geht ein durch seine Kammerpforte
Und spricht gemütlich noch die Worte:

„Sei mir willkommen, süßer Schlaf!
Ich bin zufrieden, weil ich brav!"

Der Kuno denkt noch nicht zu ruhn.
Er hat was Wichtiges zu tun.

Zunächst vor jeder andern Tat
Legt er sein Ränzel sich parat.
Sodann erbaut er auf der Diele
Aus Töpfen, Gläsern und Gestühle
Ein Werk im Stil der Pyramiden
Zum Denkmal, daß er abgeschieden;
Apart jedoch von der Verwirrnis
Stellt er den Topf, gefüllt mit Firnis;
Zuletzt ergreift er, wie zur Wehre,

Die mächtige Tapetenschere.

Quast's Deckbett ist nach altem Brauch
Ein stramm gestopfter Federschlauch.
Mit einem langen, leisen Schnitte

Schlitzt es der Kuno in der Mitte.

Rasch leert er jetzt den Firnistopf
Auf Quastens ahnungslosen Kopf.

Quast fährt empor voll Schreck und Staunen

Greift, schlägt und tobt und wird voll Daunen.

Er springt hinaus in großer Hast,
Von Ansehen wie ein Vogel fast,

Und stößt mit schrecklichem Rumbum
Die neueste Pyramide um.

Froh schlägt das Herz im Reisekittel,
Vorausgesetzt, man hat die Mittel.

Nach diesem ahnungsvollen Vermerke
Fahren wir fort im löblichen Werke.

Viertes Kapitel

Recht gern empfängt die Musenstadt
Den Fremdling, welcher etwas hat.
Kuno ist da. Gedankentief
Verfaßt derselbe diesen Brief:

„Geehrter Herr Vater! Bei Meister Quast
Hat es mir leider nicht recht gepaßt.
Seit vorigen Freitag bin ich allhie,
Um zu besuchen die Akademie.
Geld hab ich bereits schon gar nicht mehr.
Um solches, o Vater, ersuch ich Euch sehr.
Logieren tu ich auf hartem Gestrüppe.
Euer Sohn, das Hunger- und Angstgerippe."

Der Vater, kratzend hinterm Ohr,
Sucht hundert Gulden bang hervor.
Eindringlich warnend vor Verschwendung
Macht er dem Sohn die schwere Sendung.

Jetzt hat der Kuno Geld in Masse.

Stolz geht er in die Zeichenklasse.
Von allen Schülern, die da sitzen,
Kann keiner so den Bleistift spitzen.
Auch sind nur wenige dazwischen,
Die so wie er mit Gummi wischen.
Und im Schraffieren, was das Schwerste,
Da wird er unbedingt der Erste.

Jedoch zunacht, wenn er sich setzte
Beim Schimmelwirt, blieb er der Letzte.

Mit Leichtigkeit genießt er hier
So seine ein, zwei, drei Glas Bier.

Natürlich, da er so vorzüglich,
Sitzt er zu Ostern schon vergnüglich
Im herrlichen Antikensaale,
Dem Sammelplatz der Ideale.

Der Alten ewig junge Götter –
Wenn mancher auch in Wind und Wetter
Und sonst durch allerlei Verdrieß
Kopf, Arm und Bein im Stiche ließ –
Ergötzen Kuno unbeschreiblich,
Besonders, wenn die Götter weiblich.

Er ahmt sie nach in schwarzer Kreide.

Doch kann er sich auch diese Freude
An schönen Sommernachmittagen,
Wenn's grade nötig, mal versagen
Und eilt mit brennender Havanna
Zum Schimmelwirt zu der Susanna.

Hier in des Gartens Luftrevier
Trinkt er so zwei, drei, vier Glas Bier.
Daher man denn auch bald erfuhr,
Der Klecksel malt nach der Natur.

Am linken Daumen die Palette,
Steht er schon da vor seinem Brette
Und malt die alte Runzeltante,
Daß sie fast jeder wiederkannte.

Doch eh die Abendglocke klang,
Macht er den hergebrachten Gang

Zur Susel und vertilgt bei ihr
So seine vier, fünf, sechs Glas Bier.

Da eines Abends sagt ganz plötzlich,
Grad als der Kuno recht ergötzlich,
Dies sonst so nette Frauenzimmer:

„Jetzt zahlen, oder Bier gibt's nimmer!"

Ach! reines Glück genießt doch nie,
Wer zahlen soll und weiß nicht wie!

Nach diesem mit Wehmut gemachten Vermerke
Fahren wir fort im löblichen Werke.

Fünftes Kapitel

Ganz arglos auf dem Schillerplatzel

Geht Kunos Freund, der Herr v. Gnatzel.
Ein netter Herr, ein lieber Mann.

Der Kuno pumpt ihn freudig an.

Freund Gnatzels Züge werden schmerzlich.
Er spricht gerührt: „Bedaure herzlich!
Recht dumm! Vergaß mein Portemonnaie!

Geduld bis morgen früh: Adieu!"
Von nun an ist es sonderbar,
Wie Gnatzel schwer zu treffen war.

Oft naht sich dieser Freund von ferne,
Und Kuno grüßte ihn so gerne;
Doch kommt er nie zu seinem Zwecke;

Freund Gnatzel biegt um eine Ecke.

Oft sucht ihn Kuno zu beschleichen,
Um ihn von hinten zu erreichen;

Freund Gnatzel merkt es aber richtig,
Grad so, als ob er hintersichtig,

Schlüpft in die Droschke mit Geschick

Und läßt den Kuno weit zurück.

Der Kuno blickt in eine Schenke.

Sieh da! Freund Gnatzel beim Getränke!

Doch schnell entschlüpft er dem Lokal

Durchs Hinterpförtchen wie ein Aal. –

Der Kuno sieht in dieser Not
Nur noch ein einzig Rettungsboot.
Er hat, von Schöpfungsdrang erfüllt,
Verfertigt ein historisch Bild:

Wie Bertold Schwarz vor zwei Sekunden
Des Pulvers große Kraft erfunden.
Dies Bildnis soll der Retter sein.
Er bringt es auf den Kunstverein.

Leicht kommt man an das Bildermalen,
Doch schwer an Leute, die's bezahlen.
Statt ihrer ist, als ein Ersatz,
Der Kritikus sofort am Platz.

Nach diesem, ach leider! so wahren Vermerke
Fahren wir fort im löblichen Werke.

Sechstes Kapitel

In dieser Stadt ernährte sich
Ganz gut ein Dr. Hinterstich
Durch Kunstberichte von Bedeutung
In der von ihm besorgten Zeitung,
Was manchem das Geschäft verdirbt,
Der mit der Kunst sein Brot erwirbt.
Dies Blatt hat Klecksel mit Behagen
Von jeher eifrig aufgeschlagen.
Auch heute hält er's in der Hand
Und ist auf den Erfolg gespannt.

Wie düster wird sein Blick umnebelt!
Wie hat ihn Hinterstich vermöbelt!
Sogleich in eigener Person
Fort stürmt er auf die Redaktion.

Des Autors Physiognomie
Bedroht er mit dem Paraplü.

Der Kritikus, in Zornekstase,

Spießt mit der Feder Kunos Nase;

Ein Stich, der um so mehr verletzt,
Weil auch zugleich die Tinte ätzt.

Stracks wird der Regenschirm zur Lanze.

Flugs dient der Tisch als eine Schanze.

Vergeblich ist ein hoher Stoß;

Auch bleibt ein tiefer wirkungslos.

Jetzt greift der Kritikus voll Haß
Als Wurfgeschoß zum Tintenfaß.

Jedoch der Schaden bleibt gering,
Weil ihn das Paraplü empfing.

Der Kritikus braucht eine Finte.

Er zieht den Kuno durch die Tinte.

Der Tisch fällt um. Höchst penetrant

Wirkt auf das Augenlicht der Sand.

Indessen zieht der Kuno aber

Den Bleistift Numro 5 von Faber;

Und Hinterstich, der sehr rumort,

Wird mehrfach peinlich angebohrt.

Der Kuno, seines Sieges froh,
Verläßt das Redaktionsbureau.

Ein rechter Maler, klug und fleißig,
Trägt stets n' spitzen Bleistift bei sich.

Nach diesem beherzigenswerten Vermerke
Fahren wir fort im löblichen Werke.

Siebentes Kapitel

So ist denn also, wie das vorige
Ereignis lehrt, die Welthistorie
Wohl nicht das richtige Gebiet,
Wo Kunos Ruhm und Nutzen blüht.
Vielleicht bei näherer Bekanntschaft
Schuf die Natur ihn für die Landschaft,
Die jedem, der dazu geneigt,
Viel nette Aussichtspunkte zeigt.

Z. B. dieses Felsenstück
Gewährt ihm einen weiten Blick.

Wer kommt denn über jenen Bach?

Das ist das Fräulein von der Ach,
Vermögend zwar, doch etwas ältlich,
Halb geistlich schon und halb noch weltlich
Lustwandelt sie mit Seelenruh
Und ihrem Spitz dem Kloster zu.

Zwei Hunde kommen angehüpft,
Die man durch eine Schnur verknüpft.

Der Spitz, gar ängstlich, retiriert,

Das gute Fräulein wird umschnürt.

Der Spitz enteilt, die Hunde nach;

Mit ihnen Fräulein von der Ach.

Der Kuno springt von seinem Steine.

Ein Messerschnitt zertrennt die Leine.

Der Kuno zeigt sich höchst galant.

Das Fräulein fragt, eh sie verschwand:
„Darf man Ihr Atelier nicht sehn?" –

„Holzgasse 5." – „Ich danke schön!"

Vielleicht, daß diese gute Tat
Recht angenehme Folgen hat!

Nach diesem hoffnungsvollen Vermerke
Fahren wir fort im löblichen Werke.

Achtes Kapitel

Sie blieb nicht aus. Sie kam zu ihm.
Hold lächelnd sprach sie und intim.
„Mein werter Freund! Seit längst erfüllt
Mich schon der Wunsch, ein lieblich Bild
Zu stiften in die Burgkapelle,
Was ich bei Ihnen nun bestelle.
So legendarisch irgendwie.
Vorläufig dies für Ihre Müh!"
Mit sanftem Druck legt sie in seine
Entzückte Hand zwei größre Scheine. –

Der Kuno, fremd in der Legende,
Verwendet sich zu diesem Ende
An einen grundgelehrten Greis,
Der folgende Geschichte weiß:

Der kühne Ritter
und
der greuliche Lindwurm

Es kroch der alte Drache
Aus seinem Felsgemache
Mit grausigem Randal.
All Jahr' ein Mägdlein wollt' er.
Sonst grollt er und radollt er,
Fraß alles ratzekahl.

Was kommt da aus dem Tore
In schwarzem Trauerflore
Für eine Prozession?
Die Königstochter Irme
Bringt man dem Lindgewürme;
Das Scheusal wartet schon. –

Hurra! Wohl aus dem Holze
Ein Ritter keck und stolze
Sprengt her wie Wettersturm.
Er sticht dem Untier schnelle
Durch seine harte Pelle;
Tot liegt und schlapp der Wurm.

Da sprach der König freudig:
„Wohlan, Herr Ritter schneidig,
Setzt Euch bei uns zur Ruh.
Ich geb Euch sporenstreiches
Die Hälfte meines Reiches,
Mein Töchterlein dazu!"

„Mau, mau!" so rief erschrocken
Mit aufgesträubten Locken
Der Ritter stolz und keck.
„Ich hatte schon mal eine,
Die sitzt mir noch im Beine;
Ade!" und ritt ums Eck.

O, altes blaues Wunder!
Da han wir doch jetzunder
Mehr Herz im Kamisol.
Wir ziehen unsre Kappe
Vor solchem Schwiegerpappe
Und sprechen: Ei, jawohl!

Der Stoff ist Kuno sehr willkommen,
Die zweite Hälfte ausgenommen,
Um ihn mit Kohle zu skizzieren
Und dann in Farben auszuführen. –

Gar oft erfreut das Fräulein sich
An Kunos kühnem Kohlenstrich,
Obgleich ihr eigentlich nicht klar
Wie auch dem Künstler, was es war.

Wie's scheint, will ihm vor allen Dingen
Das Bild der Jungfrau nicht gelingen.
„Nur schwach, Natur, wirst du verstanden" –
Seufzt er – „wenn kein Modell vorhanden!"

„Kann ich nicht dienen?" lispelt sie.
„Schön!" rief er – „Mittwoch in der Früh!"

Als nun die Abendglocke schlug,
Zieht ihn des Herzens süßer Zug
Zum Schimmelwirt wie ehedem;
Und Susel macht sich angenehm.
Denn alte Treu, sofern es nur
Rentabel ist, kommt gern retour.

Ja, dies Verhältnis hier gedieh
Zu ungeahnter Harmonie. –

Mit zween Herren ist schlecht zu kramen;
Noch schlechter, fürcht ich, mit zwo Damen.

Nach diesem mit Zittern gemachten Vermerke
Fahren wir fort im löblichen Werke.

Neuntes Kapitel

Es war im schönen Karneval,
Wo, wie auch sonst und überall,
Der Mensch mit ungemeiner List
Zu scheinen sucht, was er nicht ist.

Dem Kuno scheint zu diesem Feste
Ein ritterlich Gewand das beste.

Schön Suschen aber schwebt dahin
Als holdnaive Schäferin.
Schon schwingt das Bein, das graziöse,
Sich nach harmonischem Getöse
Bei staubverklärtem Lichterglanze

Im angenehmsten Wirbeltanze. –

Doch ach! die schöne Nacht verrinnt.
Der Morgen kommt; kühl weht der Wind.

Zwei Menschen wandeln durch den Schnee
Vereint in Kunos Atelier.

Und hier besiegeln diese zwei

Sich dauerhafte Lieb und Treu. –

Hoch ist der Liebe süßer Traum
Erhaben über Zeit und Raum. –
Der Kuno, davon auch betäubt,
Vergaß, daß man heut Mittwoch schreibt. –
Es rauscht etwas im Vorgemach.
O weh! das Fräulein von der Ach!
„Herzallerliebster Schatz, allons!

Verbirg dich hinter dem Karton!"

„Willkommen, schönste Gönnerin!

Hier, bitte, treten Sie mal hin!"
Begonnen wird das Konterfei.

Der Spitz schaut hinter die Stafflei.
Der Künstler macht sein Sach genau.

Der Spitz, bedenklich, macht wau, wau!

Entrüstet aber wird der Spitz
Infolge eines Seitentritts.
Die Haare sträuben sich dem Spitze.

Die Staffel schwankt. Aus rutscht die Stütze;
Und mit Gerassel wird enthüllt

Der Schäferin verschämtes Bild.

Nach dieser Krisis, wie ich bemerke,
Geht es zu End' mit dem löblichen Werke.

Schluß

Hartnäckig weiter fließt die Zeit;
Die Zukunft wird Vergangenheit.
Von einem großen Reservoir
Ins andre rieselt Jahr um Jahr;
Und aus den Fluten taucht empor
Der Menschen bunt gemischtes Korps.
Sie plätschern, traurig oder munter,
n' bissel 'rum, dann gehen's unter
Und werden, ziemlich abgekühlt,
Für längre Zeit hinweggespült. –

Wie sorglich blickt das Aug' umher!
Wie freut man sich, wenn der und der,
Noch nicht versunken oder matt,
Den Kopf vergnügt heroben hat.

Der alte Schimmelwirt ist tot.
Ein neuer trägt das Reichskleinod.

Derselbe hat, wie seine Pflicht,
Dies Inserat veröffentlicht:

> Kund sei es dem hohen Publiko,
> Daß meine Frau Suse, des bin ich froh,
> Hinwiederum eines Knäbleins genesen,
> Als welches bis dato das fünfte gewesen.
> Viel Gutes bringet der Jahreswechsel
> Dem Schimmelwirte – Kuno Klecksel. –

So tut die vielgeschmähte Zeit
Doch mancherlei, was uns erfreut;
Und, was das beste, sie vereinigt
Selbst Leute, die sich einst gepeinigt. –

Das Fräulein freilich, mit erboster
Entsagung, ging vorlängst ins Kloster.
Doch Bötel, wenn er in den Ferien
Die Stadt besucht und Angehörigen,
Und Meister Quast, der allemal
Von hier entnimmt sein Material,
Wie auch der vielgewandte Gnatzel
(Jetzt schon bedeckt mit einer Atzel),
Ja, selbst der Dr. Hinterstich,
Dem alter Groll nicht hinderlich,
Sie alle trinken unbeirrt
Ihr Abendbier beim Schimmelwirt. –

Oft sprach dann Bötel mit Behagen:
„Herr Schimmelwirt! Ich kann wohl sagen:

Wär nicht die rechte Bildung da,
Wo wären wir? Ja ja, ja ja!!"

Nach diesem von Bötel gemachten Vermerk
Schließen wir freudig das löbliche Werk.

Balduin Bählamm,

der verhinderte Dichter

Erstes Kapitel

Wie wohl ist dem, der dann und wann
Sich etwas Schönes dichten kann!

Der Mensch, durchtrieben und gescheit,
Bemerkte schon seit alter Zeit,
Daß ihm hienieden allerlei
Verdrießlich und zuwider sei.

Die Freude flieht auf allen Wegen;
Der Ärger kommt uns gern entgegen.

Gar mancher schleicht betrübt umher;
Sein Knopfloch ist so öd und leer.
Für manchen hat ein Mädchen Reiz,
Nur bleibt die Liebe seinerseits

Doch gibt's noch mehr Verdrießlichkeiten.
Zum Beispiel läßt sich nicht bestreiten:
Die Sorge, wie man Nahrung findet,
Ist häufig nicht so unbegründet.

Kommt einer dann und fragt: Wie gehts?
Steht man gewöhnlich oder stets
Gewissermaßen peinlich da,
Indem man spricht: Nun, so lala!
Und nur der Heuchler lacht vergnüglich
Und gibt zur Antwort: Ei, vorzüglich!

Im Durchschnitt ist man kummervoll
Und weiß nicht, was man machen soll. –

Nicht so der Dichter. Kaum mißfällt
Ihm diese altgebackne Welt,
So knetet er aus weicher Kleie
Für sich privatim eine neue
Und zieht als freier Musensohn
In die Poetendimension,
Die fünfte, da die vierte jetzt
Von Geistern ohnehin besetzt.

Hier ist es luftig, duftig schön,
Hier hat er nichts mehr auszustehn,
Hier aus dem mütterlichen Busen
Der ewig wohlgenährten Musen
Rinnt ihm der Stoff beständig neu
In seine saubre Molkerei.

Gleichwie die brave Bauernmutter.
Tagtäglich macht sie frische Butter.
Des Abends spät, des Morgens frühe
Zupft sie am Hinterleib' der Kühe
Mit kunstgeübten Handgelenken
Und trägt, was kommt, zu kühlen Schränken,
Wo bald ihr Finger, leicht gekrümmt,
Den fetten Rahm, der oben schwimmt,
Beiseite schöpft und so in Masse
Vereint im hohen Butterfasse.
Jetzt mit durchlöchertem Pistille
Bedrängt sie die geschmeid'ge Fülle.
Es kullert, bullert, quitscht und quatscht,
Wird auf und nieder durchgematscht,
Bis das geplagte Element
Vor Angst in dick und dünn sich trennt.
Dies ist der Augenblick der Wonne.
Sie hebt das Dicke aus der Tonne,
Legt's in die Mulde, flach von Holz,
Durchknetet es und drückt und rollt's,
Und sieh, in frohen Händen hält se
Die wohlgeratne Butterwälze.

So auch der Dichter. – Stillbeglückt
Hat er sich was zurechtgedrückt
Und fühlt sich nun in jeder Richtung
Befriedigt durch die eigne Dichtung.

Doch guter Menschen Hauptbestreben
Ist, andern auch was abzugeben.

Der Dichter, dem sein Fabrikat
So viel Genuß bereitet hat,
Er sehnt sich sehr, er kann nicht ruhn,
Auch andern damit wohlzutun;
Und muß er sich auch recht bemühn,
Er sucht sich wen, und findet ihn;
Und sträubt sich der vor solchen Freuden,
Er kann sein Glück mal nicht vermeiden.
Am Mittelknopfe seiner Weste
Hält ihn der Dichter dringend feste,
Führt ihn beiseit zum guten Zwecke
In eine lauschig stille Ecke,
Und schon erfolgt der Griff, der rasche,
Links in die warme Busentasche,
Und rauschend öffnen sich die Spalten
Des Manuskripts, die viel enthalten.
Die Lippe sprüht, das Auge leuchtet,
Des Lauschers Bart wird angefeuchtet,
Denn nah und warm, wie sanftes Flöten,
Ertönt die Stimme des Poeten. –
Vortrefflich! ruft des Dichters Freund;
Dasselbe, was der Dichter meint;
Und, was er sicher weiß, zu glauben
Darf sich doch jeder wohl erlauben.

Wie schön, wenn dann, was er erdacht,
Empfunden und zurechtgemacht,
Wenn seines Geistes Kunstprodukt,
Im Morgenblättchen abgedruckt,
Vom treuen Kolporteur geleitet,
Sich durch die ganze Stadt verbreitet.

Das Wasser kocht. – In jedem Hause,
Hervor aus stiller Schlummerklause,
Eilt neugestärkt und neugereinigt,
Froh grüßend, weil aufs neu vereinigt,
Hausvater, Mutter, Jüngling, Mädchen
Zum Frühkaffee mit frischen Brötchen.
Sie alle bitten nach der Reihe
Das Morgenblatt sich aus, das neue,
Und jeder stutzt und jeder spricht:
Was für ein reizendes Gedicht!
Durch die Lorgnetten, durch die Brillen,
Durch weit geöffnete Pupillen,
Erst in den Kopf, dann in das Herz,
Dann kreuz und quer und niederwärts
Fließt's und durchweicht das ganze Wesen
Von allen denen, die es lesen.

Nun lebt in Leib und Seel der Leute,
Umschlossen vom Bezirk der Häute
Und andern warmen Kleidungsstücken,
Der Dichter fort, um zu beglücken,
Bis daß er schließlich abgenützt,
Verklungen oder ausgeschwitzt.

Ein schönes Los! Indessen doch
Das allerschönste blüht ihm noch.
Denn Laura, seine süße Qual,
Sein Himmelstraum, sein Ideal,
Die glühend ihm entgegenfliegt,
Besiegt in seinen Armen liegt,
Sie flüstert schmachtend inniglich:
„Göttlicher Mensch, ich schätze Dich!
Und daß Du so mein Herz gewannst,
Macht bloß, weil Du so dichten kannst!!"

Oh, wie beglückt ist doch ein Mann,
Wenn er Gedichte machen kann!

Zweites Kapitel

Ein guter Mensch, der Bählamm hieß
Und Schreiber war, durchschaute dies.

Nicht, daß es ihm an Nahrung fehlt.
Er hat ein Amt, er ist vermählt.
Und nicht bloß dieses ist und hat er;
Er ist bereits auch viermal Vater.
Und dennoch zwingt ihn tiefes Sehnen,
Sein Glück noch weiter auszudehnen.
Er möchte dichten, möchte singen,
Er möchte was zuwege bringen
Zur Freude sich und jedermannes;
Er fühlt, er muß und also kann es.
Der Muße froh, im Paletot,
Verläßt er abends sein Bureau.

Er eilt zum Park, um hier im Freien
Den holden Musen sich zu weihen.

Natürlich einer, der wie er
Gefühlvoll und gedankenschwer,
Mag sich an weihevollen Plätzen
Beim Dichten gern auch niedersetzen.

Doch schon besetzt ist jeder Platz

Von Leuten mit und ohne Schatz.

Da lenkt er doch die Schritte lieber
Zum Keller, der nicht fern, hinüber.

Er wählt sich unter vielen Bänken

Die Bank, die angenehm zum Denken.

Zwar erst verwirrte seinen Sinn

Das Nahgefühl der Kellnerin;

Doch führt ihn bald ein tiefer Zug

Zu höherem Gedankenflug.

Schon brennt der Kopf, schon glüht der Sitz,
Schon sprüht ein heller Geistesblitz;

Schon will der Griffel ihn notieren;
Allein es ist nicht auszuführen.

Der Hut als Dämpfer der Ekstase,
Sinkt plötzlich tief auf Ohr und Nase.

Ein Freund, der viel Humor besaß,
Macht sich von hinten diesen Spaß.

Empört geht Bählamm fort nach Haus.
Der Freund trinkt seinen Maßkrug aus.

Zu Hause hängt er Hut und Rock
An den gewohnten Kleiderstock.

Und schmückt in seinem Kabinett
Mit Joppe sich und Samtbarett,
Die, wie die Dichtung Vers und Reim,
Den Dichter zieren, der daheim.

Scharfsinnend geht er hin und wieder,

Bald schaut er auf, bald schaut er nieder.

Jetzt steht er still und ruft: „Aha!“
Denn schon ist ein Gedanke da.

Schnell tritt Frau Bählamm in die Tür,
Sie hält in Händen ein Papier.

Sie ruft: „Geliebter Balduin!
Du mußt wohl mal den Beutel ziehn.
Siehst Du die Rechnung breit und lang?
Der Schuster wartet auf dem Gang.“

Besonders tief und voll Empörung
Fühlt man die pekuniäre Störung.

’s ist abgetan. – Das Haupt gesenkt,

Steht er schon wieder da und denkt.

Begeistert blickt er in die Höh:
„Willkommen, herrliche Idee!“

Auf springt die Tür. – An Bein und Arm

Geräuschvoll hängt der Kinderschwarm. –
Ho! – ruft der Franzel – Kinder hört!
Jetzt spielen wir 'mal Droschkenpferd!
Papa ist Gaul und Kutscher ich.
Ja! – ruft die Gustel – fahre mich!
Ich – ruft der Fritz – will hinten auf!
Hopp hopp, du altes Pferdchen, lauf!

Hüh! – ruft der kleine Balduin –
Will er nicht ziehn, so hau ich ihn! –

Wer kann bei so bewandten Dingen
Ein Dichterwerk zustande bringen? –

Nun meint man freilich, sei die Nacht,
Um nachzudenken, wie gemacht.
Doch oh! wie sehr kann man sich täuschen!
Es fehlt auch ihr nicht an Geräuschen.

Der Papa hat sich ausgestreckt,
Gewissenhaft sich zugedeckt!
Warm wird der Fuß, der Kopf denkt nach;
Da geht es bäh! – vielleicht nur schwach.
Doch dieses Bäh erweckt ein zweites,

Dann bäh aus jeder Kehle schreit es.
Aus Mamas Mund ein scharfes Zischen,
Bedrohlich schwellend, tönt dazwischen,
Und Papas Baß, der grad noch fehlte,
Verstärkt zuletzt das Tongemälde.

Wie peinlich dies, ach, das ermißt
Nur der, der selber Vater ist.

Drittes Kapitel

Ein großer Geist, wie Bählamm seiner,
Ist nicht so ratlos wie ein kleiner.
Er sieht, ihm mangelt bloß im Grunde
Der stille Ort, die stille Stunde,
Um das, was nötig ist zum Dichten,
Gemächlich einsam zu verrichten;
Und alsogleich spricht der Verstand:

Verlaß die Stadt und geh aufs Land!
Wo Biederkeit noch nicht veraltet,
Wo Ruhe herrscht und Friede waltet!

Leicht reisefertig ist zumeist
Ein Mensch, wenn er als Dichter reist.

Die kleine Tasche, buntgestickt,
Ist schnell gefüllt und zugedrückt.
Ein Hut von Stroh als Sommerzier,
Ein Dichterkragen von Papier,
Das himmelblaue Flattertuch,
Der Feldstuhl, das Notizenbuch
Ein Bleistift Nr. 4 und endlich
Das Paraplü sind selbstverständlich.

Zum Bahnhof führt ihn die Familie.

Hier spricht er: „Lebe wohl, Cäcilie!
Ich bring euch auch was Schönes mit!"
Dann schwingt er sich mit leichtem Schritt,
Damit er nicht die Zeit verpasse,
In die bekannte Dichterklasse.
Der Pfiff ertönt, die Glocke schlug.

Fort schlängelt sich der Bummelzug.

Vorüber schnell und schneller tanzen,
Durch Draht verknüpft in einem Ganzen,
Die schwesterlich verwandten, langen
Zahlreichen Telegraphenstangen.
Der Wald, die Wiesen, das Gefilde
Als unstät wirbelnde Gebilde,
Sind lästig den verwirrten Sinnen.
Gern richtet sich der Blick nach innen.
Ein leichtes Rütteln, sanftes Schwanken
Erweckt und sammelt die Gedanken.
Manch Bild, was sich versteckt vielleicht,
Wird angeregt und aufgescheucht.

Bald fühlt auch Bählamm süßbeklommen
Die herrlichsten Gedanken kommen. –

Ein langer Pfiff. – Da hält er schon
Auf der ersehnten Bahnstation.

Ein wohlgenährter Passagier

In Nägelschuhen wartet hier.

Er zwängt sich hastig ins Coupé.

Pardon! – Er tritt auf Bählamms Zeh. –

Des Lebens Freuden sind vergänglich;
Das Hühnerauge bleibt empfänglich.

Wie dies sich äußert, ist bekannt.

Krumm wird das Bein und krumm die Hand
Die Augenlöcher schließen sich,
Das linke ganz absonderlich;
Dagegen öffnet sich der Mund,
Als wollt er flöten, spitz und rund.

Zwar hilft so eine Angstgebärde
Nicht viel zur Lindrung der Beschwerde;
Doch ist sie nötig jederzeit
Zu des Beschauers Heiterkeit.

Viertes Kapitel

Wie lieb erscheint, wie freundlich winkt
Dem Dichter, der noch etwas hinkt,

Des Dörfleins anspruchsloses Bild,
In schlichten Sommerstaub gehüllt.

Hier reitet Jörg, der kleine Knabe,
Auf seinem langen Hakenstabe,

Die Hahnenfeder auf der Mütze,
Kindlich naiv durch eine Pfütze.

Dort mit dem kurzen Schmurgelpfeifchen
Auf seinem trauten Düngerhäufchen
Steht Krischan Bopp und füllt die Luft
Mit seines Krautes Schmeichelduft.

Er blickt nach Rike Mistelfink.
Ein Mädchen sauber, stramm und flink.
Sie reinigt grad den Ziegenstall;
Und Friede waltet überall.

Sofort im ländlichen Logis
Geht Bählamm an die Poesie.
Er schwelgt im Sonnenuntergang,

Er lauscht dem Herdenglockenklang,
Und ahnungsfroh empfindet er's:
Glück auf! Jetzt kommt der erste Vers!

Klirrbatsch! Da liegt der Blumentopf.
Es zeigt sich ein gehörnter Kopf,

Das Maulwerk auf, die Augen zu,
Und plärrt posaunenhaft: Ramuh!!

Erschüttert gehen Vers und Reime
Mitsamt dem Kunstwerk aus dem Leime.
Das tut die Macht der rauhen Töne.
Die Sängerin verläßt die Szene.

Fünftes Kapitel

Die Nacht verstrich. Der Morgen schummert.
Hat unser Bählamm süß geschlummert?
Kennst du das Tierlein leicht beschwingt,
Was, um die Nase schwebend, singt?
Kennst du die andern, die nicht fliegen,
Die leicht zu Fuß und schwer zu kriegen?

Betrachte Bählamm sein Gesicht,
Du weißt Bescheid, drum frage nicht.

Hier auf dem Dreifuß unterm Flieder
Sitzt er bereits und dichtet wieder.

Der Knabe Jörg, in froher Laune,

Bemerkt ihn durch ein Loch im Zaune,
Er zieht die Nadel aus der Mütze,

Durchbohrt damit die Hakenspitze,

Und hat verschmitzt auch schon begonnen

Den kleinen Scherz, den er ersonnen.

Der Dichter greift sich ins Genicke.

Mal wieder, denkt er, eine Mücke.

Er nimmt die Hand in Augenschein.

Es mußte doch wohl keine sein.

Kaum hat er dies als wahr befunden,

So kommt ein Stich direkt von unten.

Um diese Gegend zu beschützen,

Kann man das Sacktuch auch benützen.

Insoweit wäre alles gut.

O weh! Wohin entschwebt der Hut?

„Ein leichtes Kräusellüftchen!“ rief er,
Holt seinen Hut und setzt ihn tiefer.

Ganz arglos will er sich soeben
Zurück auf seinen Sitz begeben.
Doch die gewohnte Stütze mangelt.
Der Dreifuß wird hinweggeangelt.
Anstatt in den bequemen Sessel,

Setzt er sich in die scharfe Nessel.
Und hell durchblitzt ihn der Gedanke:
Es sitzt wer hinter dieser Planke!

Sehr gut in solchen Fällen ist
Bedachtsamkeit, gepaart mit List.

Verlockend und zugleich gespannt
Setzt er sich wieder vor die Wand.

Aha! Und jetzt wird zugefaßt,
Und trefflich hat er's abgefaßt;
Denn grad im Zentrum bohrte sich

Durch seine Hand der Nadelstich.
Natürlich macht ihn das nervos.
Der Jörg entfernt sich sorgenlos.

Sechstes Kapitel

In freier Luft, in frischem Grün,
Da wo die bunten Blümlein blühn,
In Wiesen, Wäldern, auf der Heide,
Entfernt von jedem Wohngebäude,
Auf rein botanischem Gebiet
Weilt jeder gern, der voll Gemüt.

Hier legt sich Bählamm auf den Rücken
Und fühlt es tief und mit Entzücken,
Nachdem er Bein und Blick erhoben:

Groß ist die Welt, besonders oben!

Wie klein dagegen und beschränkt
Zeigt sich der Ohrwurm, wenn er denkt.

Engherzig schleicht er durch das Moos,
Beseelt von dem Gedanken bloß,
Wo's dunkel sei und eng und hohl,
Denn da nur ist ihm pudelwohl.

Grad wie er wünscht, und sehr gelegen
Blickt ihm des Dichters Ohr entgegen.

In diesen wohlerwärmten Räumen,
So denkt er, kann ich selig träumen.

Doch wenn er glaubt, daß ihm hienieden
Noch weitre Wirksamkeit beschieden,
So irrt er sich. – Ein Winkelzug
Von Bählamms Bein, der fest genug,
Zerstört die Form, d. h. so ziemlich,
Die diesem Wurme eigentümlich,
Und seinem Dasein als Subjekt
Ist vorderhand ein Ziel gesteckt.

Sogleich und mit gewisser Schnelle
Vertauscht der Dichter diese Stelle
Für eine andre, mehr erhöht,
Allwo ein Bäumlein winkend steht.

Ein Vöglein zwitschert in den Zweigen;
Dem Dichter wird so schwül und eigen.
Die Stirne umsäuseln laute Lüfte;
Es zuckt der Geist im Faberstifte.

Pitschkleck! – Ein Fleck. Ein jäher Schreck. –
Erleichtert fliegt das Vöglein weg.
Indessen auch der andre Sänger
Verweilt an diesem Ort nicht länger.

Den Himmel, der noch eben blau,
Umwölkt ein ahnungsvolles Grau,

Vor Regen schützt die Scheidewand
Des Schirmes, wenn er aufgespannt.

Verquer durch Regen und Gestrüppe
Kommt Krischan mit der scharfen Hippe.
Vom Regen ist der Blick umflort,

Und richtig wird der Schirm durchbohrt.

Betrübend ist und wenig nütze
Das Paraplü mit einem Schlitze;
Doch ist noch Glück bei jedem Hieb,
Wobei der Kopf heroben blieb.

Auch braucht man, läßt der Regen nach,
Ja sowieso kein Regendach.

Und hier, begleitet von der Ziege,
Kommt Rike über eine Stiege;
Und Bählamm, wie die Dichter sind,
Will diesem anmutsvollen Kind

Als Huldigung mit Schmerz und Necken
Ein Sträußlein an den Busen stecken.

Ein Prall – ein Schall – dicht am Gesicht –

Verloren ist das Gleichgewicht.

So töricht ist der Mensch. – Er stutzt,
Schaut dämisch drein und ist verdutzt,

Anstatt sich erst mal solche Sachen
In aller Ruhe klarzumachen. –

Hier strotzt die Backe voller Saft;
Da hängt die Hand, gefüllt mit Kraft.
Die Kraft, infolge von Erregung,
Verwandelt sich in Schwungbewegung.
Bewegung, die in schnellem Blitze
Zur Backe eilt, wird hier zur Hitze.
Die Hitze aber, durch Entzündung
Der Nerven, brennt als Schmerzempfindung
Bis in den tiefsten Seelenkern,
Und dies Gefühl hat keiner gern.

Ohrfeige heißt man diese Handlung,
Der Forscher nennt es Kraftverwandlung.

Siebentes Kapitel

Der Mond. Dies Wort so ahnungsreich,
So treffend, weil es rund und weich –
Wer wäre wohl so kaltbedächtig,
So herzlos, hart und niederträchtig,
Daß es ihm nicht, wenn er es liest,
Sanftschauernd durch die Seele fließt?

Das Dörflein ruht im Mondenschimmer,
Die Bauern schnarchen fest wie immer;
Es ruh'n die Ochsen und die Stuten,
Und nur der Wächter muß noch tuten,
Weil ihn sein Amt dazu verpflichtet,

Der Dichter aber schwärmt und dichtet.

Was ist da drüben für ein Wink?
Ist das nicht Rike Mistelfink?

Ja, wie es scheint, hat sie bereut
Die rücksichtslose Sprödigkeit.
Der Dichter fühlt sein Herz erweichen.
Er folgt dem liebevollen Zeichen.

Er drängt sich, nicht ganz ohne Qual,
In ein beschränktes Stallokal.

Mit einem Mäh (mit einem langen)
Sieht er sich unverhofft empfangen.

Doch nur ein kurzes Meck begleitet
Den Seitenstich, der Schmerz bereitet.

Ein Stoß grad in die Magengegend
Ist aber auch sehr schmerzerregend.

Daß selbst ein Korb in solcher Lage
Erwünscht erscheint, ist keine Frage.

Bedeckung findet sich gar leicht;

Es fragt sich nur, wie weit sie reicht. –
Und grade kommt die Rike hier,
Der Krischan emsig hinter ihr;

Sie mit vergnügtem Mienenspiel,
Er mit dem langen Besenstiel.

Er schiebt ihn durch des Korbes Henkel

Und zwischen Bählamm seine Schenkel.

Nachdem er sicher eingesackt,
Wird er gelupft und aufgepackt.

Er strampelt sehr, denn schwer im Sinn
Liegt ihm die Frage: Ach, wohin?

Ein Wasser, mondbeglänzt und kühl,
Ist das erstrebte Reiseziel,

Und angelangt bei diesem Punkt
Wird fleißig auf und ab getunkt;

Worauf, nachdem der Korb geleert,
Das Liebespaar nach Hause kehrt.

Achtes Kapitel

Es tut nicht gut, wenn man im Bad,
Und nur die Füße draußen hat. –

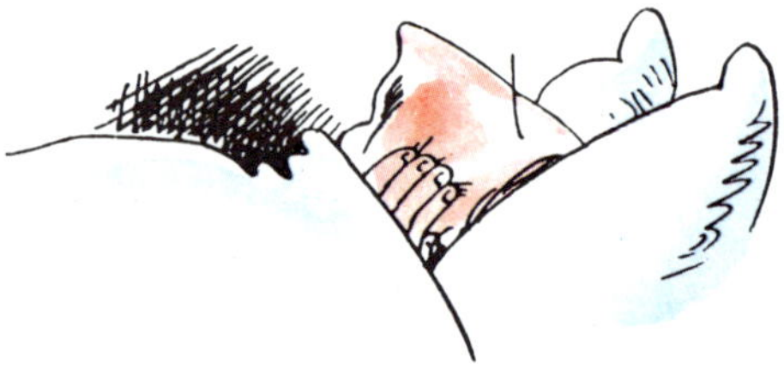

Auch Bählamm hat's nicht wohl getan.
Es zog ihm in den Backenzahn. –

Das Zahnweh, subjektiv genommen,
Ist ohne Zweifel unwillkommen;
Doch hat's die gute Eigenschaft,
Daß sich dabei die Lebenskraft,
Die man nach außen oft verschwendet,
Auf einen Punkt nach innen wendet,
Und hier energisch konzentriert.
Kaum wird der erste Stich verspürt,
Kaum fühlt man das bekannte Bohren,
Das Rucken, Zucken und Rumoren –
Und aus ist's mit der Weltgeschichte,
Vergessen sind die Kursberichte
Die Steuern und das Einmaleins.
Kurz, jede Form gewohnten Seins,
Die sonst real erscheint und wichtig,
Wird plötzlich wesenlos und nichtig.
Ja, selbst die alte Liebe rostet –
Man weiß nicht, was die Butter kostet –
Denn einzig in der engen Höhle
Des Backenzahnes weilt die Seele,
Und unter Toben und Gesaus
Reift der Entschluß: Er muß heraus!! –

Noch eh' der neue Tag erschien,
War Bählamm auch soweit gediehn.

Er steht und läutet äußerst schnelle
An Doktor Schmurzel seiner Schelle.

Der Doktor wird von diesem Lärme
Emporgeschreckt aus seiner Wärme.
Indessen kränkt ihn das nicht weiter;
Ein Unglück stimmt ihn immer heiter.

Er ruft: „Seid mir gegrüßt, mein Lieber!

Lehnt Euch gefälligst hintenüber!
Gleich kennen wir den Fall genauer!"

(Der Finger schmeckt ein wenig sauer.)

„Nun stützt das Haupt auf diese Lehne

Und denkt derweil an alles Schöne!

Holupp!!
Wie ist es? Habt Ihr nichts gespürt?"
„Ich glaub, es hat sich was gerührt!"

„Da dies der Fall, so gratulier ich!
Die Sache ist nicht weiter schwierig!

Hol – – – upp!!!"
Vergebens ist die Kraftentfaltung;
Der Zahn verharrt in seiner Haltung.

„Hab's mir gedacht!" sprach Doktor Schmurzel,

„Das Hindernis liegt in der Wurzel.

Ich bitte bloß um drei Mark zehn!

Recht gute Nacht! Auf Wiedersehn!"

Neuntes Kapitel

Dem hohen lyrischen Poeten
Ist tiefer Schmerz gewiß vonnöten;
Doch schmerzlich, ach, befördert je
Das ganz gewöhnliche Wehweh,
Wie Bählamm seines zum Exempel,
Den Dichter in den Ruhmestempel.

Die Backe schwillt. – Die Träne quillt.
Ein Tuch umrahmt das Jammerbild.

Verhaßt ist ihm die Ländlichkeit
Mit Riken ihrer Schändlichkeit,
Mit Doktor Schmurzels Chirurgie,
Mit Bäumen, Kräutern, Mensch und Vieh,
Und schmerzlich dringend mahnt die Backe:
Oh, kehre heim! Doch vorher packe. –

Gern möcht er still von dannen scheiden,
Gern jede Ovation vermeiden,
Allein ihm bleibt bei seiner Fahrt
Ein Lebewohl nicht ganz erspart.

Meckmeck! so schallt's aus jener Ecke;
Meckmeck! ruft einer durch die Hecke,
Meckmeck! so schmettert's in der Näh,
Und Rikens Ziege macht mähmäh! –

Da wundert sich wohl mancher sehr,
Wie's möglich sei, daß ein Malör
So schleunige Verbreitung finde.
Der Weise schweigt. Er kennt die Gründe. –

Als Bählamm sein Coupé erreicht,
Wird ihm verhältnismäßig leicht.

'ne Frau, 'n Kind und eine Tasche,
Worin die Gummistöpselflasche,
Sind unsers Reisenden Begleiter.
Der Säugling zeigt sich äußerst heiter.
Er strebt und webt mit Händ und Füßen,
Er läßt sein Mäulchen überfließen;
Er ist so süß, daß fast mit Recht
Ein Junggesell ihn küssen möcht.

O weh! die Fröhlichkeit entweicht.
Wohlmeinend wird ihm dargereicht
Das Glas, woraus er sich ernährt;

Er lehnt es ab; er ist empört;
Und penetrant, gleich der Trompete,
Klagt er in Tönen seine Nöte. –
Die Mutter seufzt. Der Trank ist kalt.
Wohl uns! Hier hat man Aufenthalt.

„Ach!" bat sie – „halten S' ihn mal eben,
Ich muß ihm etwas Warmes geben!"

Sie eilt hinaus ins Restaurant.
Der Zug hält drei Minuten lang.

Einsteigen! Fertig! – Pfüt! – Und los!
Mit seinem Säugling auf dem Schoß,
Mit dicker Backe, wehem Zahn,
Rollt er dahin per Eisenbahn
Der Heimat zu und trifft um neun
Präzise auf dem Bahnhof ein. –
Der Säugling, des Gesanges müde,
Ruht aus von seinem Klageliede,
Umhüllt mit einer warmen Windel,
Auf Bählamms Arm als stilles Bündel.
Trotzdem hat Bählamm das Bestreben,
Ihn möglichst baldig abzugeben.

Der Schaffner, ohne Mitgefühl,
Bedankt sich höflich, aber kühl.

Desgleichen auch der Bahnverwalter;

Desgleichen auch der Mann am Schalter.
So muß er sich denn wohl bequemen,
Sein Bündel mit nach Haus zu nehmen.

„Der Papa kommt!“ so rufen hier
Die frohen Kinder alle vier.
„Und“ – sprach die Mutter – „gebt mal acht!
Er hat was Schönes mitgebracht!“

Jedoch bei näherer Belehrung,
Wie wenig schätzt sie die Bescherung.

„Oh!“ – ruft sie – „Aber Balduin!“
Dann wird's ihr vor den Augen grün.

Zum Glück, in diesem Ungemach,

Kommt bald des Knaben Mutter nach.

Zwar ist die Flasche kalt wie nie,

Doch weil's pressiert, so nimmt er sie. –
Der Abschied war nicht sehr beschwerlich,
Was auch bei Bählamm sehr erklärlich;
Denn gerne gibt man aus der Hand
Den Säugling, der nicht stammverwandt.

Schluß

Sofort legt Bählamm sich zur Ruh.

Die Hand der Gattin deckt ihn zu.
Der Backe Schwulst verdünnert sich;
Sanft naht der Schlaf, der Schmerz entwich,
Und vor dem innern Seelenraum
Erscheint ein lockend süßer Traum. –
Ihm war als ob, ihm war als wie,
So unaussprechlich wohl wie nie. –
Hernieder durch das Dachgebälke,
Auf rosenrotem Duftgewölke
Schwebt eine reizend wundersame
In Weiß gehüllte Flügeldame,
Die winkt und lächelt wie zum Zeichen,
Als sollt er ihr die Hände reichen;
Und selbstverständlich wunderbar
Erwächst auch ihm ein Flügelpaar;

Und selig will er sich erheben,
Um mit der Dame fortzuschweben.

Doch ach! Wie schaudert er zusammen!
Denn wie mit tausend Kilogrammen

Hängt es sich plötzlich an die Glieder,
Hemmt das entfaltende Gefieder
Und hindert, daß er weiterfliege.
Hohnlächelnd meckert eine Ziege.
Die himmlische Gestalt verschwindet,
Und nur das eine ist begründet,

Frau Bählamm ruft, als er erwacht:

„Heraus, mein Schatz! Es ist schon acht!"

Um neune wandelt Bählamm so

Wie ehedem auf sein Bureau. –

So steht zum Schluß am rechten Platz
Der unumstößlich wahre Satz:
Die Schwierigkeit ist immer klein,
Man muß nur nicht verhindert sein.

Wilhelm-Busch-Brevier

Aber endlich und zuletzt
Hat er's richtig durchgesetzt.
Herr und Frau Knopp S. 214

Aber hier, wie überhaupt,
Kommt es anders, als man glaubt.
Plisch und Plum S. 305

Aber wehe, wehe, wehe!
Wenn ich auf das Ende sehe!
Max und Moritz S. 5

Aber, wenn er dies erfuhr,
Ging's ihm wider die Natur.
Max und Moritz S. 12

Ach, daß der Mensch so häufig irrt
Und nie recht weiß, was kommen wird!
Zu guter Letzt

Ach der Tugend schöne Werke,
Gerne möcht ich sie erwischen,
Doch ich merke, doch ich merke,
Immer kommt mir was dazwischen.
Kritik des Herzens

Ach! – Die Venus ist perdü –
Klickeradoms! – von Medici!
Die fromme Helene S. 56

Ach, die Welt ist so geräumig,
Und der Kopf ist so beschränkt.
Zu guter Letzt

Ach, ich fühl es! Keine Tugend
Ist so recht nach meinem Sinn;
Stets befind ich mich am wohlsten,
Wenn ich damit fertig bin.
Kritik des Herzens

Ach, lieber Gott, ja ja, so ist es!
Nicht wahr, ihr guten Mädchen wißt es:
Kaum hat man was, was einen freut,
So macht der Alte Schwierigkeit!
Dideldum! S. 155

Ach, meine Lieben! Wie oft im Leben wirft uns das Schicksal seinen tragischen Hut vor die Füße, und wir mögen tun, was wir wollen, Verdruß gibt's doch.
Eduards Traum

Ach! reines Glück genießt doch nie,
Wer zahlen soll und weiß nicht wie!
Maler Klecksel S. 338

Ach, so denkt er, diese Welt
Hat doch viel, was nicht gefällt.
Rosen, Tanten, Basen, Nelken,
Sind genötigt zu verwelken;
Ach – und endlich auch durch mich
Macht man einen dicken Strich.
Abenteuer eines Junggesellen S. 167

Ach, wie bald verläßt der Friede den häuslichen Herd, wenn er an maßgebender Stelle keine kulinarischen Kenntnisse vorfindet!
Eduards Traum

»Alle Menschen, ausgenommen die Damen«, spricht der Weise, »sind mangelhaft!«
Eduards Traum

Alles pulverisieren sie: Gott, Geist und Goethe.
Eduards Traum

Also geht alles zu Ende allhier:
Feder, Tinte, Tobak und auch wir.
Zum letztenmal wird eingetunkt,
Dann kommt der große schwarze Punkt.
Bilder zur Jobsiade S. 102

Also lautet ein Beschluß:
Daß der Mensch was lernen muß.
Max und Moritz S. 15

Auf rein botanischem Gebiet
Weilt jeder gern, der voll Gemüt.
Balduin Bählamm S. 365

Bedeckung findet sich gar leicht;
Es fragt sich nur, wie weit sie reicht.

Balduin Bählamm S. 370

Bei dem Duett sind stets zu sehn
Zwei Mäuler, welche offen stehn.

Fipps der Affe S. 293

Besonders tief und voll Empörung
Fühlt man die pekuniäre Störung.

Balduin Bählamm S. 356

Bösewicht mit Bösewicht –
Auf die Dauer geht es nicht.

Plisch und Plum S. 316

Da lob ich mir die Höflichkeit,
Das zierliche Betrügen.
Du weißt Bescheid, ich weiß Bescheid;
Und allen macht's Vergnügen.

Kritik des Herzens

Das Gute – dieser Satz steht fest –
Ist stets das Böse, was man läßt!

Die fromme Helene S. 78

Das Reden tut dem Menschen gut;
Wenn man es nämlich selber tut . . .

Maler Klecksel S. 327

Das Schlüsselloch wird leicht vermißt,
Wenn man es sucht, wo es nicht ist.

Die Haarbeutel S. 264

Das Trinkgeschirr, sobald es leer,
Macht keine rechte Freude mehr.

Die Haarbeutel S. 262

Das weiß ein jeder, wer's auch sei,
Gesund und stärkend ist das Ei . . .

Der Geburtstag S. 131

Das Zahnweh, subjektiv genommen,
Ist ohne Zweifel unwillkommen;
Doch hat's die gute Eigenschaft,
Daß sich dabei die Lebenskraft,
Die man nach außen oft verschwendet,
Auf einen Punkt nach innen wendet . . .

Balduin Bählamm S. 372

Denen, die der Ruhe pflegen,
Kommen manche ungelegen.

Plisch und Plum S. 308

Denn der Mensch als Kreatur
Hat von Rücksicht keine Spur.

Julchen S. 222

Denn früh belehrt ihn die Erfahrung,
Sobald er schrie, bekam er Nahrung.

Maler Klecksel S. 329

Denn hinderlich, wie überall,
Ist hier der eigne Todesfall.

Dideldum! S. 153

Denn, leider Gottes, so ist der Schlechte,
Daß er immer was anderes möchte,
Auch hat er ein höchst verruchtes Gelüst,
Grade so zu sein, wie er eben ist.

Fipps der Affe S. 299

Der Architekt ist hochverehrlich,
(Obschon die Kosten oft beschwerlich) . . .

Maler Klecksel S. 328

Der eine fährt Mist, der andre spazieren;
Das kann ja zu nichts Gutem führen . . .

Der Nöckergreis

Der Gedanke macht ihn blaß,
Wenn er fragt: Was kostet das?

Plisch und Plum S. 309

Der größte Lump bleibt obenauf!!

Hans Huckebein S. 32

Der Künstler fühlt sich stets gekränkt,
Wenn's anders kommt, als wie er denkt.

Fipps der Affe S. 294

Der liebe Gott muß immer ziehen,
Dem Teufel fällt's von selber zu.

Schein und Sein

Der Mensch, durchtrieben und gescheit,
Bemerkte schon seit alter Zeit,
Daß ihm hienieden allerlei
Verdrießlich und zuwider sei.

Balduin Bählamm S. 351

Der Ort ist gut, die Lage neu.
Der alte Lump ist auch dabei.

Maler Klecksel S. 332

Der Ruhm, wie alle Schwindelware,
Hält selten über tausend Jahre.
Zumeist vergeht schon etwas eh'r
Die Haltbarkeit und die Kulör.

Zu guter Letzt

Der Weise schweigt. Er kennt die Gründe.

Balduin Bählamm S. 375

Der Weise, welcher sitzt und denkt
Und tief sich in sich selbst versenkt,
Um in der Seele Dämmerschein
Sich an der Wahrheit zu erfreun,
Der leert bedenklich seine Flasche,
Hebt seine Dose aus der Tasche,
Nimmt eine Prise, macht Habschieh!
Und spricht:
»Mein Sohn, die Sach ist die! . . .«

Die Haarbeutel S. 245

Des Lebens Freuden sind vergänglich;
Das Hühnerauge bleibt empfänglich.

Balduin Bählamm S. 359

»Die Bosheit war sein Hauptpläsier,
Drum« – spricht die Tante – »hängt er hier!!«

Hans Huckebein S. 36

Die Freude flieht auf allen Wegen;
Der Ärger kommt uns gern entgegen.

Balduin Bählamm S. 351

Die Propertät ist sehr zu schätzen,
Doch kann sie manches nicht ersetzen.
Der Mensch wird schließlich mangelhaft.
Die Locke wird hinweggerafft.

Die fromme Helene S. 58

Die Schwierigkeit ist immer klein,
Man muß nur nicht verhindert sein.

Balduin Bählamm S. 380

Dieserhalb besonders scheut
Er die fromme Geistlichkeit,
Denn ihm sagt ein stilles Grauen:
Das sind Leute, welche trauen.

Julchen S. 221

Dieses war der erste Streich,
Doch der zweite folgt sogleich.

Max und Moritz S. 8

Dies Wort drang ihm in die Natur,
So daß er schleunigst Bess'rung schwur.

Die fromme Helene S. 63

Die Tugend will nicht immer passen,
Im ganzen läßt sie etwas kalt . . .

Zu guter Letzt

Die Welt ist wie ein Brei. Zieht man den Löffel heraus, und wär's der größte, gleich klappt die Geschichte wieder zusammen, als wenn gar nichts passiert wäre.

Eduards Traum

Die Welt, obgleich sie wunderlich,
Ist mehr als gut genug für mich.

Zu guter Letzt

Doch ach! wie bald wird uns verhunzt
Die schöne Zeit naiver Kunst;
Wie schnell vom elterlichen Stuhle
Setzt man uns auf die Bank der Schule!

Maler Klecksel S. 330

Doch die braven Junggesellen,
Jungfern ohne Ehestellen,
Welche ohne Leibeserben
So als Blattgewächse sterben,
Pflanzen sich durch Knollen fort.

Kritik des Herzens

Doch größern Ruhm wird der verdienen,
Der Farben kauft und malt mit ihnen . . .

Maler Klecksel S. 328

Doch guter Menschen Hauptbestreben
Ist, andern auch was abzugeben.

Balduin Bählamm S. 352

Doch jeder Jüngling hat wohl mal
'n Hang fürs Küchenpersonal,
Und sündhaft ist der Mensch im ganzen! . . .

Die fromme Helene S. 48

Doch schmerzlich denkt manch alter Knaster,
Der von vergangnen Zeiten träumt,
An die Gelegenheit zum Laster,
Die er versäumt.

Zu guter Letzt

Drum soll ein Kind die weisen Lehren
Der alten Leute hochverehren!
Die haben alles hinter sich
Und sind, gottlob! recht tugendlich!

Die fromme Helene S. 38

Eh man auf diese Welt gekommen
Und noch so still vorlieb genommen,
Da hat man noch bei nichts was bei;
Man schwebt herum, ist schuldenfrei,
Hat keine Uhr und keine Eile
Und äußerst selten Langeweile.
Allein, man nimmt sich nicht in acht,
Und schlupp! ist man zur Welt gebracht . . .

Die Haarbeutel S. 245

»Ei ja! – da bin ich wirklich froh!
Denn, Gott sei Dank! Ich bin nicht so!!«

Die fromme Helene S. 78

Ein Buch ist ja keine Drehorgel . . .

Eduards Traum

Ein Buch, wenn es so zugeklappt daliegt, ist ein gebundenes, schlafendes, harmloses Tierchen, welches keinem was zuleide tut. Wer es nicht aufweckt, den gähnt es nicht an; wer ihm die Nase nicht grad zwischen die Kiefern steckt, den beißt's auch nicht.

Eduards Traum

Eine kleine Betriebsstörung im Verkehr zweier Herzen kann immerhin vorkommen.

Eduards Traum

Eines weiß man doch hienieden,
Nämlich, wenn man unzufrieden.

Abenteuer eines Junggesellen S. 165

Ein guter Mensch gibt gerne acht,
Ob auch der andre was Böses macht;
Und strebt durch häufige Belehrung
Nach seiner Bess'rung und Bekehrung.

Die fromme Helene S. 63

Ein jeder kriegt, ein jeder nimmt
In dieser Welt, was ihm bestimmt.

Zu guter Letzt

Ein jeder Narr tut, was er will.
Na, meinetwegen! Ich schweige still!

Der Nöckergreis

Ein jeder Wunsch, wenn er erfüllt,
Kriegt augenblicklich Junge.

Schein und Sein

Ein rechter Maler, klug und fleißig,
Trägt stets 'n spitzen Bleistift bei sich.

Maler Klecksel S. 343

Einszweidrei, im Sauseschritt
Läuft die Zeit, wir laufen mit.

Julchen S. 224

Er fühlt sich wie neugestärkt,
Als er so viel Geld bemerkt.

Plisch und Plum S. 325

Er muß zahlen. – Und von je
Tat ihm das doch gar so weh.

Plisch und Plum S. 315

Es ist ein Brauch von alters her:
Wer Sorgen hat, hat auch Likör!

Die fromme Helene S. 73

Es saust der Stock, es schwirrt die Rute.
Du darfst nicht zeigen, was du bist.
Wie schad, o Mensch, daß dir das Gute
Im Grunde so zuwider ist.

Zu guter Letzt

Es tut nicht gut, wenn man im Bad
Und nur die Füße draußen hat.

Balduin Bählamm S. 372

Es war im schönen Karneval,
Wo, wie auch sonst und überall,
Der Mensch mit ungemeiner List
Zu scheinen sucht, was er nicht ist.

Maler Klecksel S. 348

Es wird mit Recht ein guter Braten
Gerechnet zu den guten Taten;
Und daß man ihn gehörig mache,
Ist weibliche Charaktersache . . .

Kritik des Herzens

Enthaltsamkeit ist das Vergnügen
An Sachen, welche wir nicht kriegen.

Die Haarbeutel S. 246

Entrüstung ist ein erregter Zustand der Seele, der meist dann eintritt, wenn man erwischt wird.

Eduards Traum

Froh hupft der Floh. –
Vermutlich bleibt es noch lange so.

Der Nöckergreis

Froh schlägt das Herz im Reisekittel,
Vorausgesetzt, man hat die Mittel.

Maler Klecksel S. 336

Früh zeigt er seine Energie,
Indem er ausdermaßen schrie;
Denn früh belehrt ihn die Erfahrung:
Sobald er schrie, bekam er Nahrung.

Maler Klecksel S. 329

Furcht heißt die Verfasserin des
Komplimentierbuchs für alle.

Eduards Traum

Für jede angenehme Erwartung gibt's mindestens drei unangenehme Möglichkeiten.

Der Schmetterling

Für manchen hat ein Mädchen Reiz,
Nur bleibt die Liebe seinerseits.

Balduin Bählamm S. 351

Ganz richtig, diese Welt ist nichtig.
Auch du, der in Person erscheint,
Bist ebenfalls nicht gar so wichtig,
Wie deine Eitelkeit vermeint.

Schein und Sein

Gar mancher schleicht betrübt umher;
Sein Knopfloch ist so öd und leer.

Balduin Bählamm S. 351

Gehorchen wird jeder mit Genuß
Den Frauen, den hochgeschätzten,
Hingegen machen uns meistens Verdruß
Die sonstigen Vorgesetzten.

Zu guter Letzt

Grad zu den frühen Morgenzügen
Kommt man am leichtesten zu spät.

Schein und Sein

Haß, als minus und vergebens,
Wird vom Leben abgeschrieben.
Positiv im Buch des Lebens
Steht verzeichnet nur das Lieben.
Ob ein Minus oder Plus
Uns verblieben, zeigt der Schluß.

Schein und Sein

Hier sieht man ihre Trümmer rauchen.
Der Rest ist nicht mehr zu gebrauchen.

Die fromme Helene S. 75

Hier zur Rechten ist die Klause,
Stillberühmt im ganzen Hause.

Abenteuer eines Junggesellen S. 191

Hoch ist der Liebe süßer Traum
Erhaben über Zeit und Raum.

Maler Klecksel S. 348

Höchst erfreulich und belehrend
Ist es doch für jedermann,
Wenn er allerlei Geschichten
Lesen oder hören kann.

Pater Filucius S. 103

Ich bin daher, statt des Gewinsels,
Mehr für die stille Welt des Pinsels.

Maler Klecksel S. 328

Ich sage bloß, die Welt ist böse.
Was soll zum Beispiel das Getöse,
Was jetzt so manche Menschen machen
Mit Knallbonbons und solchen Sachen ...

Der Nöckergreis

Im Durchschnitt ist man kummervoll
Und weiß nicht, was man machen soll.

Balduin Bählamm S. 351

Im Kopf ertönt ein schmerzlich Summen.
Wir Menschen sagen: Schädelbrummen.

Die Haarbeutel S. 263

In Ängsten findet manches statt,
Was sonst nicht stattgefunden hat.

Der Geburtstag S. 124

Junge Hähnchen, sanft gebraten,
Dazu kann man dringend raten.

Abenteuer eines Junggesellen S. 184

Kaum hat mal einer ein bissel was,
Gleich gibt es welche, die ärgert das.

Fipps der Affe S. 288

Kein Ding sieht so aus, wie es ist. Am wenigsten der Mensch, dieser lederne Sack voller Kniffe und Pfiffe.

Von mir über mich

Kinder, in ihrer Einfalt, fragen immer und immer: Warum? Der Verständige tut das nicht mehr; denn jedes Warum, das weiß er längst, ist nur der Zipfel eines Fadens, der in den dicken Knäuel der Unendlichkeit ausläuft, mit dem keiner recht fertig wird, er mag wickeln und haspeln, so viel er nur will.

Der Schmetterling

Kühle weckt die Tätigkeit;
Tätigkeit verkürzt die Zeit.

Plisch und Plum S. 309

»Kurzum« – so sprach er – »ich sage bloß,
Wenn man den alten Erdenkloß,
Der, täglich teilweis aufgewärmt,
Langweilig präzis um die Sonne schwärmt,
Genau besieht und wohl betrachtet
Und, was darauf passiert, beachtet,
So findet man, und zwar mit Recht,
Daß nichts so ist, wie man wohl möcht.«

Der Nöckergreis

Lachen ist ein Ausdruck relativer Behaglichkeit. Der Franzel hinterm Ofen freut sich der Wärme um so mehr, wenn er sieht, wie sich draußen der Hansel in die rötlichen Hände pustet.

Von mir über mich

Leicht kommt man an das Bildermalen,
Doch schwer an Leute, die's bezahlen.

Maler Klecksel S. 340

Liebe – sagt man schön und richtig –
Ist ein Ding, was äußerst wichtig.
Nicht nur zieht man in Betracht,
Was man selber damit macht,
Nein, man ist in solchen Sachen
Auch gespannt, was andre machen.

Julchen S. 241

Lieber ein bissel zu gut gegessen, als wie zu erbärmlich getrunken.

Eduards Traum

Mancher gibt sich viele Müh'
Mit dem lieben Federvieh . . .

Max und Moritz

. . . man mag sagen, was man will, der passendste Stoff, um Schrullen, die sich nun mal nicht unterdrücken lassen, auf das bescheidenste drin einzuwickeln und im Notfall zu überreichen, ist der Stoff des Papiers.

Eduards Traum

Man möchte weinen, wenn man sieht,
Daß dies das Ende von dem Lied.

Zu guter Letzt

Mehr ist hier schon die Kunst zu loben,
Denn Schönheit wird durch Kunst gehoben.

Die fromme Helene S. 58

Mein Kind, es sind allhier die Dinge,
Gleichviel, ob große, ob geringe,
Im wesentlichen so verpackt,
Daß man sie nicht wie Nüsse knackt.

Schein und Sein

Mensch mit traurigem Gesichte,
Sprich nicht nur von Leid und Streit,
Selbst in Brehms Naturgeschichte
Findet sich Barmherzigkeit.

Zu guter Letzt

Mir ist alles einerlei.
Mit Verlaub, ich bin so frei.

Abenteuer eines Junggesellen S. 194

»Mir scheint, ich bin hier unbeliebt!«
Denkt Fipps, der sich hinwegbegibt.

Fipps der Affe S. 280

Mit Recht erscheint uns das Klavier,
Wenn's schön poliert, als Zimmerzier.
Ob's außerdem Genuß verschafft,
Bleibt hin und wieder zweifelhaft.

Fipps der Affe S. 292

Mit zween Herrn ist schlecht zu kramen;
Noch schlechter, fürcht ich, mit zwo Damen.

Maler Klecksel S. 347

Musik wird oft nicht schön empfunden,
Weil sie stets mit Geräusch verbunden.

Dideldum! S. 152

Na, nun hat er seine Ruh.
Ratsch, man zieht den Vorhang zu.

Abenteuer eines Junggesellen S. 196

Nach diesem beherzigenswerten Vermerke
Fahren wir fort im löblichen Werke.

Maler Klecksel S. 343

»Nein!« – ruft Helene – »Aber nun
Will ich's auch ganz – und ganz – und ganz –
und ganz gewiß nicht wieder tun!«

Die fromme Helene S. 73

Nicht allein das Abc
Bringt den Menschen in die Höh' . . .

Max und Moritz S. 15

Nichts Schönres gab's für Tante Lotte
Als schwarze Heidelbeerkompotte.

Hans Huckebein S. 33

Nörgeln ist das Allerschlimmste,
Keiner ist davon erbaut;
Keiner fährt, und wär's der Dümmste,
Gern aus seiner werten Haut.

Schein und Sein

Oft findet man nicht den Genuß,
Den man mit Recht erwarten muß.

Die Haarbeutel S. 263

Oft wird es einem sehr verdacht,
Wenn er Geräusch nach Noten macht.

Fipps der Affe S. 293

Oh, das war mal eine schöne
Rührende Familienszene!

Julchen S. 243

Oh, hüte dich vor allem Bösen!
Es macht Pläsier, wenn man es ist,
Es macht Verdruß, wenn man's gewesen!

Die fromme Helene S. 38

»Oh!« – sprach der Jean – »Es ist ein Graus!
Wie schnell ist doch das Leben aus!«

Die fromme Helene S. 69

Ohrfeige heißt man diese Handlung,
Der Forscher nennt es Kraftverwandlung.

Balduin Bählamm S. 369

Oh, wie beglückt ist doch der Mann,
Wenn er Gedichte machen kann!

Balduin Bählamm S. 353

Onkel heißt er günst'gen Falles,
Aber dieses ist auch alles.

Julchen S. 221

Oh wie lieblich, o wie schicklich,
Sozusagen herzerquicklich . . .

Herr und Frau Knopp S. 197

Prügel machen frisch und kregel
Und erweisen sich probat
Ganz besonders vor der Tat.

Abenteuer eines Junggesellen S. 175

Ratsam ist und bleibt es immer
Für ein junges Frauenzimmer,
Einen Mann sich zu erwählen
Und womöglich zu vermählen . . .

Die fromme Helene S. 54

Rotwein ist für alte Knaben
Eine von den besten Gaben.

Abenteuer eines Junggesellen S. 173

Schmiegsam, biegsam, mild und mollig
Ist der Strumpf, denn er ist wollig.

Julchen S. 228

Sein Prinzip ist überhaupt:
Was beliebt ist auch erlaubt;
Denn der Mensch als Kreatur
Hat von Rücksicht keine Spur.

Julchen S. 222

Selbst über sich selber kann man lachen mitunter, und das ist ein Extrapläsier, denn dann kommt man sich sogar noch klüger und gedockener vor als man selbst.

Von mir über mich

Selig sind die Auserwählten,
Die sich liebten und vermählten;
Denn sie tragen hübsche Früchte . . .

Kritik des Herzens

So blickt man klar, wie selten nur,
Ins innre Walten der Natur.

Maler Klecksel S. 330

So geht es mit Tabak und Rum:
Erst bist du froh, dann fällst du um.

Die Haarbeutel S. 263

So kommt es denn zuletzt heraus,
Daß ich ein ganz famoses Haus.

Kritik des Herzens

Sokrates, der alte Greis,
Sagte oft in tiefen Sorgen:
»Ach, wie viel ist doch verborgen,
Was man immer noch nicht weiß.«

Abenteuer eines Junggesellen S. 165

So spricht der Weise, grau von Haar,
Ernst, würdig, sachgemäß und klar . . .

Die Haarbeutel S. 246

So tut die vielgeschmähte Zeit
Doch mancherlei, was uns erfreut;
Und, was das Beste, sie vereinigt
Selbst Leute, die sich einst gepeinigt.

Maler Klecksel S. 350

Suche nicht apart zu scheinen,
Wandle auf betretnen Wegen.
Meinst du, was die andern meinen,
Kommt man freundlich dir entgegen.

Zu guter Letzt

Tugend will ermuntert sein,
Bosheit kann man schon allein!

Plisch und Plum S. 321

Tugend will, man soll sie holen,
Ungern ist sie gegenwärtig;
Laster ist auch unbefohlen
Dienstbereit und fix und fertig.

Zu guter Letzt

Und bei genauerer Betrachtung
Steigt mit dem Preise auch die Achtung.

Maler Klecksel S. 328

Und dennoch lebt und webt das alles
Recht gern auf der Kruste des Erdenballes.

Der Nöckergreis

Und ging's auch drüber oder drunter,
Wir bleiben unverzagt und munter . . .

Der Nöckergreis

Und ist froh aus Herzensgrund,
Daß er dies so gut gekunnt.

Julchen S. 221

Und so muß er denn empfinden,
Daß zuletzt die böse Tat
Für den Übeltäter selber
Unbequeme Folgen hat.

Pater Filucius S. 110

Und wahrlich! Preis und Dank gebührt
Der Kunst, die diese Welt verziert.

Maler Klecksel S. 328

Und, was er sicher weiß, zu glauben,
Darf sich doch jeder wohl erlauben.

Balduin Bählamm S. 352

Und wie das häufig so der Brauch.
Der Stolz wuchs mit dem Bauche auch.

Zu guter Letzt

Und, wie das mit Recht geschieht,
Auf die Kunst folgt der Profit.

Plisch und Plum S. 323

Unvermutet, wie zumeist,
Kommt die Tante zugereist.
Herzlich hat man sie geküßt,
Weil sie sehr vermöglich ist.

Julchen S. 237

Unvorsichtigkeit ist eine hervorragende Eigenschaft derjenigen Menschen, welche morgen genau wissen, was sie heute zu tun haben.

Eduards Traum

Vater werden ist nicht schwer,
Vater sein dagegen sehr.

Julchen S. 221

Verlockend ist der äußre Schein.
Der Weise dringet tiefer ein.

Der Geburtstag S. 126

Viel Freude macht, wie männiglich bekannt,
Für Mann und Weib der heilige Ehestand!

Die fromme Helene S. 65

Vor allen der Politikus
Gönnt sich der Rede Vollgenuß;
Und wenn er von was sagt, so sei's,
Ist man auch sicher, daß er's weiß.

Maler Klecksel S. 327

Warum gleich lumpig einhergehn und es jedermann merken lassen, daß die Bilanzen ein Defizit aufweisen?

Eduards Traum

Was im Kongreß aller Dinge beschlossen ist, das wird ja wohl auch zweckgemäß und heilsam sein.

Der Schmetterling

Was nun aber das Kunstwerk betrifft, meine Lieben, so meine ich, es sei damit ungefähr so, wie mit dem Sauerkraut. Ein Kunstwerk, möcht ich sagen, müßte gekocht sein am Feuer der Natur, dann hingestellt in den Vorratsschrank der Erinnerung, dann dreimal aufgewärmt im goldenen Topfe der Phantasie, dann serviert von wohlgeformten Händen, und schließlich müßte es dankbar genossen werden mit gutem Appetit.

Eduards Traum

Wenn Lügen Haare wären,
Wir wären rauh wie Bären
Und hätten keine Glatzen.

Kritik des Herzens

Wenn man auch früher verliebt war, das schadet nichts; wenn man nur später gemütlich wird.

Eduards Traum

Wenn mir aber was nicht lieb,
Weg damit! ist mein Prinzip.

Plisch und Plum S. 303

Wenn's einer davon haben kann,
So bleibt er gerne dann und wann
Des Morgens, wenn das Wetter kühle,
Noch etwas liegen auf dem Pfühle . . .

Die fromme Helene S. 58

Wenn wer sich wo als Lump erwiesen,
So bringt man in der Regel diesen
Zum Zweck moralischer Erhebung
In eine andere Umgebung.
Der Ort ist gut, die Lage neu.
Der alte Lump ist auch dabei.

Maler Klecksel S. 332

Wer Bildung und Moral besitzt,
Der wird bemerken, daß anitzt
Fast nirgends mehr zu finden sei
Die sogenannte Lieb und Treu.

Der Geburtstag S. 119

Wer der Gerechtigkeit folgen will durch dick und dünn, muß lange Stiefel haben. Habt ihr welche? Habe ich welche? Ach, meine Lieben! Lasset uns mit den Köpfen schütteln!

Eduards Traum

Wer einsam ist, der hat es gut,
Weil keiner da, der ihm was tut.

Zu guter Letzt

Wer hat die Reihe deiner Väter
Seit tausend Jahren oder später
So meisterlich in Öl gesetzt?
Wer wird vor allen hochgeschätzt?
Der Farbenkünstler! Und mit Grund!
Er macht uns diese Welt so bunt.

Maler Klecksel S. 328

Wer in Dorfe oder Stadt
Einen Onkel wohnen hat,
Der sei höflich und bescheiden,
Denn das mag der Onkel leiden.

Max und Moritz S. 18

Wer möchte diesen Erdenball
Noch fernerhin betreten,
Wenn wir Bewohner überall
Die Wahrheit sagen täten . . .

Kritik des Herzens

Wer nicht auf gute Gründe hört,
Dem werde einfach zugekehrt
Die Seite, welche wir benützen,
Um drauf zu liegen und zu sitzen.

Eduards Traum

Wer nur das richtige Auge hat, kann überall einen »reizenden Blick« haben.

Eduards Traum

Wer schlecken will, was ihm gefällt,
Der kommt nicht ohne Schmutz und Schwärze
Hinaus aus dieser bösen Welt.

Zu guter Letzt

Wer sich freut, wenn wer betrübt,
Macht sich meistens unbeliebt.

Plisch und Plum S. 320

Wer vielleicht zur guten Tat
Keine rechte Neigung hat,
Dem wird Fasten und Kastein
Immerhin erfrischend sein.

Fipps der Affe S. 285

Wie sorglich blickt das Aug' umher!
Wie freut man sich, wenn der und der,
Noch nicht versunken oder matt,
Den Kopf vergnügt heroben hat.

Maler Klecksel S. 350

Wie wohl ist dem, der dann und wann
Sich etwas Schönes dichten kann!

Balduin Bählamm S. 351

Wie wolltest du dich unterwinden,
Kurzweg die Menschen zu ergründen.
Du kennst sie nur von außenwärts.
Du siehst die Weste, nicht das Herz.

Schein und Sein

Wir alle haben unsern Sparren,
Doch sagen tun es nur die Narren.
Der Weise schweigt.

Zu guter Letzt

Wo kriegten wir die Kinder her,
Wenn Meister Klapperstorch nicht wär?

Die fromme Helene S. 68

Wo viel zarte Hände walten –
Na, das ist so wie es ist!
Kellerschlüssel, Bodenschlüssel
Führen leicht zu Zank und Zwist.

Pater Filucius S. 104

Zu große Hast macht ungeschickt.

Dideldum! S. 158

Zu wenig und zu viel Vertraun
Sind Nachbarskinder.

Schein und Sein

WILHELM BUSCH – Leben und Werk

Wilhelm Busch ist der Klassiker deutschen Humors, und das will in gewissem Sinne auch sagen, des deutschen Ernstes. So verehre ich ihn als eine der köstlichsten Emanationen deutschen Wesens. Er säte weltüberwindendes Lachen über Groß und Klein: Dank ihm! Wie viele Tränen hat er getrocknet! Und er ist ein Weiser. GERHART HAUPTMANN

Wilhelm Busch, insbesondere der Schriftsteller Busch, ist einer der größten Meister stilistischer Treffsicherheit. Ich denke – außer vielleicht Lichtenberg – hat es keinen Ebenbürtigen in deutscher Sprache gegeben. ALBERT EINSTEIN

Busch ist der eigentliche Erfinder der zeichnerischen Kurzschrift. Ich weiß keinen Vorgänger, dem es gelungen wäre oder der auch nur versucht hätte, in so knappen Strichen das Leben einzufangen, durch einen einfachen Federzug so unerhört gesteigerte Bewegung, so unvergeßliche Typen mitsamt der ihnen zukommenden Umgebung auf einem kleinen Blättchen Papier hervorzuzaubern. Das ist höchste Vollendung des Handwerks, daß kein Tropfen Schweiß an dem fertigen Werk zu kleben scheint. TH. TH. HEINE

Buschs Kunst ist Volkskunst im wahrsten, schönsten Sinne, sie ist zu Hause auf der Gasse und in den Stuben, bei Arm und Reich, sie ist lebendig und wirkt und schafft an den Menschen, an der Kultur, am Leben selber, und das tut sie ganz unabhängig von ihrem Verfasser. ARTHUR KUTSCHER

... ich wär auch zu bescheiden über so einen Risenvormat von ein Kerl – über Wilhelm Busch was zu schreiben. Ich kann ihm bloß anbeten. OLAF GULBRANSSON

Natürlich hatte auch der Schäfer recht, als er bemerkte: »Er ist uns viel zu früh genommen worden!« Die jungen Leute, die nach einem Gang zum Grabe Buschs den schlichten Mann auf der Gemeindeflur Mechtshausen angetroffen hatten, erschauerten tatsächlich. Er aber erläuterte: »... So einen kriegen wir nicht wieder; der war unser größter Steuerzahler.«
Im Gegensatz zu einem guten Dutzend schlecht erfundener Busch-Anekdoten hat diese eine den Vorzug, wahr zu sein. Paßt, was der Schäfer sagte, nicht wunderbar zu den Bekenntnissen der großen Dichter, Denker und Zeichner.

Ihm aber, der schon zu Lebzeiten zur legendären Gestalt wurde, im gleichen Maße, wie sich seine Bildergeschichten mit einer Stetigkeit ohne Beispiel hineinfraßen ins Volk, hat die Nachwelt dann doch noch bescheinigt, daß er zu den »Reichsunmittelbaren« zählt, »die das Recht haben, ihre eigenen Münzen zu schlagen«: ein später, aber echter Ruhm, der einer gewissen Tragik nicht entbehrt. Denn er gründet sich unter anderem auf die wachsende Einsicht, daß Wilhelm Busch gerade mit *dem* Teil seines Werkes, dessen er sich am wenigsten rühmte, das meiste für die Ewigkeit getan hat – daß also auch in diesem Falle Volkes Stimme Gottes Stimme war und ist und sein wird. Einst hatte er gehofft, als Maler in die Geschichte einzugehen, und diesen Traum hatte er einige Male zu Grabe getragen. Heute wissen wir, daß er auch auf diesem Gebiet Anrechte hätte geltend machen dürfen, wenn er nicht zu hohe Ansprüche an sich selbst gestellt hätte. Auf seinen Dichterehrgeiz aber (»Kritik des Herzens«) reagierte die Mitwelt so zwiespältig, daß er sich wiederum zurückgestoßen sah ins kleine und doch so große Welttheater der stilvoll-heiteren Gestalten, die er »Konturwesen« benannte, hintergründig und unheimlich wie so vieles, dem er neue Namen gab.

Hintergründig und unheimlich wie die noch immer reichlich unbekannte späte Prosa: »Ich bin geboren anno dazumal, als man die Fräuleins Mamsellchen nannte und die Gänse noch Adelheid hießen, auf einem Gehöft, gleich links von der Welt, dann rechts um die Ecke, nicht weit von der guten Stadt Geckelbeck, wo sie alles am besten wissen.« Es bedarf nur einiger konkreter Ergänzungen – und der Bericht des Peter aus dem »Schmetterling« wird zu einem Stück Selbstbiographie. Anno dazumal – das ist der 15. April 1832. Das »einsame Gehöft«, gleich links von der Welt, ist Sinnbild für die Gemeinde Wiedensahl, im Niedersächsischen zwischen Weser und Steinhuder Meer gelegen; die gute Stadt Geckelbeck findet sich wohl stets nicht weit von den einsamen Gehöften ... Etwas westlicher, in einer Bauernhütte dicht am Mittellauf der Weser, wurzelt der Stammbaum der Familie. Aber es gab für Wilhelm nur einen Urgroßvater namens Busch, der Großvater hieß Emme, sein Sohn erhielt den Namen von der Mutter. Dem Namensehrgeiz eines kleinen Weserbauern ist es zuzuschreiben, daß der Verfasser der »Frommen Helene« nicht Wilhelm Emme heißt.

»Klein, kraus, rührig, mäßig und gewissenhaft; stets besorgt, nie zärtlich; zum Spaß geneigt, aber ernst gegen Dummheiten« – so schildert Wilhelm Busch seinen Vater. Dieser hat einst in Wiedensahl die heute noch bestehende Gemischtwarenfirma F. W. Busch gegründet und bald zu Ansehen gebracht. Wilhelm Busch, der erste von sieben, war das vierte Kind seiner nach früher Witwenschaft wiederverheirateten Mutter. »Still, fleißig, fromm«, hat sie zeitlebens besonders an ihrem Ältesten gehangen. Es mag ihr nicht leicht geworden sein, sich im Sommer 1841 von dem Neunjährigen zu trennen. Nach der Geburt des fünften Kindes (Otto Busch) im Februar des gleichen Jahres war es doch zu eng geworden in den kleinen Stuben hinter dem Kramladen. So wurde denn »früh vor Tage ... das dicke Pommerchen in die Scherdeichsel des Leiterwagens gedrängt. Das Gepäck ist aufgeladen; als ein Hauptstück der wohlverwahrte Leib eines alten Zinkedings von Klavier, dessen lästig gespreiztes Beingestell in der Heimat blieb; ein ahnungsvolles Symbol meiner musikalischen Zukunft. Die Reisenden steigen auf; Großmutter, Mutter, vier Kinder und ein Kindermädchen; Knecht Heinrich zuletzt. Fort rumpelts durch den Schaumburger Wald. Ein Rudel Hirsche springt über den Weg; oben ziehen die Sterne; im Klavierkasten tunkt es. Nach zweimaligem Übernachten bei Verwandten wurde das Ebergötzener Pfarrhaus erreicht.«

Wenn Wilhelm Busch später von dem »Dörflein meiner Kindheit« sprach, so meinte er damit nicht Wiedensahl, sondern das hinter dem Göttinger Wald gelegene Ebergötzen, seine zweite Jugendheimat. Verhältnismäßig schnell, wenn auch gewiß nicht ohne sehnsüchtige Nebengedanken an das, was er zurück-

gelassen, fand er sich zurecht. Der Sohn des Müllers half ihm dabei. »Das Bündnis mit diesem Freunde ist von Dauer gewesen. Alljährlich besuch ich ihn und schlafe noch immer sehr gut beim Rumpumpeln des Mühlwerks und dem Rauschen des Wassers.« Heute ist die Mühle verfallen, das große Schaufelrad verschwunden; der Bach, der es einst getrieben, führt nur selten so viel Wasser, daß man das Gebrause hört, in dem ein Schneider Böck beinahe umgekommen wäre. Aber der Besucher spürt bis auf den heutigen Tag den Zauber eines Ortes, der ohne Frage einige Züge zur Max-und-Moritz-Landschaft beigetragen hat.
Der aufgeklärte protestantische Landgeistliche Georg KLEINE, Bruder der Mutter Buschs, war ein guter Seelsorger und ein großer Bienenvater. Was von der Lieblingsbeschäftigung des Erziehers auf den Neffen abfärbte, reichte zum Glück nicht hin, aus ihm einen Praktiker zu machen, der es hätte wagen können, als Imker nach Brasilien zu gehen, weil einige Vorstöße ins gelobte Land der Malerei gründlich mißlungen waren. Doch hierüber später. Einstweilen galt es, im Privatunterricht bei dem Onkel so viel Grundwissen zu erwerben, wie zu einer Mittleren Reife damals erforderlich war, zunächst in Ebergötzen, von 1846 an in Lüthorst bei Einbeck. Als sich der Fünfzehnjährige in Hannover um die Aufnahme in die Polytechnische Schule bewarb, mußte dann doch ein selbstverfertigtes Sonett zu Hilfe genommen werden, den Herrn Rektor günstig zu stimmen.
Friedrich Wilhelm Busch kannte sich wohl selber gut genug, um zu spüren, wo er den Hebel anzusetzen hatte, den nicht gerade aufs praktische Leben gerichteten Hang seines Erstgeborenen zu zügeln. Er machte dennoch die Rechnung ohne den Wirt. Die Eins mit Auszeichnung in der reinen Mathematik, die der angehende Maschinentechniker heimbrachte, täuschte kaum über das Versagen in der angewandten Mathematik hinweg. Die immer wiederkehrende Note »Eins« im Freihandzeichnen tat ein übriges, und nach knapp vier hannoverschen Studienjahren fiel die Entscheidung: Busch ging im März 1851 nach Düsseldorf, »um Maler zu werden«.
Im Machtbereich des Nazareners Wilhelm Schadow geriet der Kunststudent in den Antikensaal und lernte da abgegriffene und verstaubte Gipsabgüsse aus ganzem Herzen verachten. Schon ein Jahr später finden wir ihn im lebensfrohen Antwerpen, nun aber erbarmungslos der leuchtenden Sonne einer großen Maltradition ausgesetzt. Lebensgroße Studienköpfe in Öl berechtigen zu einigen Erwartungen. Da warf ihn Krankheit aufs Lager, dem Vernehmen nach eine Art Typhus. Im Mai 1853 war er soweit wiederhergestellt, daß er reisen, daß er entfliehen konnte: heim zu Mutters Fleischtöpfen. Unruhig dreinblikkende Vateraugen und kopfschüttelnde Nachbarn sind leichter zu ertragen als übermächtige Vorbilder. Ein Menschenalter danach sah das alles etwas freundlicher aus, doch der Antwerpener Schock saß ihm noch in den Gliedern: »In Antwerpen sah ich zum erstenmal im Leben die Werke alter Meister: Rubens, Brouwer, Teniers; später Frans Hals. Ihre göttliche Leichtigkeit der Darstellung, die nicht patzt und kratzt und schabt, diese Unbefangenheit eines guten Gewissens, welches nichts zu vertuschen braucht ..., haben für immer meine Liebe und Bewunderung gewonnen; und gern verzeih ich's ihnen, daß sie mich zu sehr geduckt haben, als daß ich's je recht gewagt hätte, mein Brot mit Malen zu verdienen, wie manch anderer auch.«
Anderthalb Jahre später, im November 1854, zog Busch zum drittenmal aus, das Malen zu erlernen – aber im München der großen Historienmalerei saß ein schlechtgesteuertes »flämisches Schifflein« bald wieder auf dem trockenen. Jetzt erst bahnte sich die Entscheidung an. Daheim, in Wiedensahl und mehr noch beim Onkel Georg in Lüthorst wiederaufgenommene Märchenstudien, Arbeit an einem Märchenbuch und weltfremdes Hoffen auf die Hilfe eines Einbecker Buchhändlers, durchtanzte Nächte in einem »Club« in dem benachbarten Städtchen Dassel, Liebhabertheater daselbst, Zeichnungen für heraldische

Zwecke, Skizzenbücher voller klitzekleiner Bildnotizen aus allen nur denkbaren Bereichen des Sichtbaren – es war in summa »immerhin nicht übel«, aber es fehlte die Richtung. Damals spielte Wilhelm Busch mit dem Gedanken, ins »Eldorado der Imker«, nach Brasilien, auszuweichen.

1858 endlich fielen die Würfel, als der Herausgeber der »Fliegenden Blätter«, Caspar Braun, Busch zur Mitarbeit einlud. Die persönlichen »Verhohnhacklungen« im Karikaturenbuch des Künstlervereins »Jung-München« trugen ihre Früchte. Malerehrgeiz wich zeichnerischem Broterwerb: Illustrationen zu fremden Texten, Bilder mit eigenen Texten, kleiner Bilderfolgen ohne Worte, Bilderfolgen mit Prosatext und dann mit Versen – das alles wuchs fast zwanglos aufeinander zu, und ehe er sich's versah, war Wilhelm Busch einer der bekanntesten und fruchtbarsten Mitarbeiter der »Fliegenden Blätter« und der »Münchener Bilderbogen«.

Dem berühmten Illustrator kleinbürgerlich-deutschen Familiengeistes, Ludwig Richter, blieb es alsdann vorbehalten, die Kulturgeschichte um ein Fehlurteil zu bereichern. Busch hatte den Sohn des großen Zeichners in Oberbayern kennengelernt und war mit ihm wegen einer kleinen Sammlung für Kinder, »Bilderpossen«, handelseinig geworden. Doch der makabre »Eispeter« nebst seinem harmloseren Gefolge enttäuschten den jungen Verleger. Busch bot Heinrich Richter als Schmerzensgeld den schon Ende 1863 skizzierten MAX UND MORITZ an. Richter sen. und seine Freunde fanden die Handschrift der Bubengeschichte großartig, rieten aber ab. Also schickte Richter jun. zurück, was schon ein halbes Jahr darauf von München aus den Siegeszug ohnegleichen antreten sollte. Denn Caspar Braun griff sofort zu, schickte dem fast verlorenen Sohn 1000 Gulden, das sind nach heutigem Geldwert etwa 5000 Mark – und handelte damit ein Pfund ein, mit dem er wuchern konnte.

Haben Max und Moritz ihren »Vater« auch nicht reich gemacht, so machten sie doch seinen Namen weit und breit bekannt, am wenigsten freilich in Wiedensahl, wo Busch immer wieder untertauchte, um hinter verschlossenen Türen zu vollenden, was sich in keinem noch so gutmöblierten Stadtzimmer erledigen ließ. Je berühmter er wurde, um so mehr verteidigte er das »klimperkleine Plätzchen«. Anfangs wohnte er im Elternhaus, später, als die Eltern schon eine Weile tot waren, im Pfarrhaus bei seiner Schwester Fanny Nöldeke und von 1879 an im Pfarrwitwenhaus. Wiedensahl blieb auch Unterschlupf, als Busch zwischen 1868 und 1872 viel in Frankfurt weilte. Eine Zeitlang sah es allerdings so aus, als sollte die freie Reichsstadt am Main seine neue Heimat werden.

Dr. Otto Busch, Philologe, Amateurphilosoph und Hauslehrer bei den jüngsten Töchtern des Bankiers Keßler, hatte die Verbindung hergestellt. Johanna Keßler, die mit Busch annähernd gleichaltrige, noch immer attraktive Hausfrau, begegnete dem Gast aus Wiedensahl mit so viel fraulich-mütterlicher Aufmerksamkeit, daß er sich bald geborgen fühlte. Das Seelenbündnis, das sich da entwickelte, hatte manche Prüfung zu bestehen, dauerte aber doch mit Unterbrechungen bis zu Buschs Lebensende. Begegnungen mit vielen Künstlern, eifriges Zeichnen und Malen in einem eigenen Atelier, bildhauerische Versuche, intensives Studium der Philosophie Arthur Schopenhauers – gemeinsam mit Bruder Otto –, dies alles eingebettet in das gesellige Leben eines begüterten Hauses, ist für Busch der Inhalt seiner Frankfurter Jahre. Hier brauchte er nicht, wie sonst so oft, nur Zuschauer zu sein, der »kühl von ferne, unbewegt, wie angekettet« seine Beobachterrolle spielt. Aber es war ihm nicht gegeben noch beschieden, längere Zeit unbekümmert an der Tafel zu sitzen und, »der Nachbarin in die Augensterne« schauend, den geheimen Sinn des Lebens zu ergründen. Mißverständnisse traten auf. Liebe Mitmenschen und wohl auch der von Regungen der Eifersucht nicht freie Bruder Otto taten ein übriges, den Entschluß zur Rückkehr nach Wiedensahl zu fördern.

Wer ergründen will, in wie vielfältiger Gestalt und Verkleidung der Versucher in dieser turbulenten, zeitweilig auch von fernem Geschützdonner begleiteten Frankfurter Zeit an den irgendwie ja doch unverbesserlichen Landbewohner herangetreten war, der lese und betrachte die »Fromme Helene«. Wer entdecken möchte, wie die Philosophie eines Pessimisten in einem schlichten Zweizeiler unvergeßlich formelhaft Gestalt gewinnen kann, der halte sich an Onkel Noltes Satz von Gut und Böse. Wer erfahren möchte, wie vielfältig der von Schopenhauer zum Weltprinzip erhobene Wille sichtbar werden kann, der verfolge die Entwicklungsstadien, in denen sich ein anfangs räudiges, dann fortschreitend berückendes, durchtriebenes, rachsüchtiges, berechnendes, bigottes, selbstgerechtes, unansehnliches, vom Schnaps getröstetes und schließlich unverkennbar und präzis verkohltes Frauenzimmer präsentiert... Und was Helene in solcher Betrachtung schuldig bleiben sollte, Hans Huckebein, schon vor der Begegnung mit der Modephilosophie der Gründerjahre konzipiert, kann weitere Auskunft geben. –
Im Stübchen über dem Wiedensahler Kramladen wartete seit dem Dezember 1864, wohlverwahrt in einer Schublade, ein Manuskript auf seine Stunde: DER HEILIGE ANTONIUS VON PADUA. Einen Monat vor Ausbruch des Deutsch-Französischen Krieges, im Juni 1870, kam sie. Unmittelbar darauf hatte sich der Verleger Schauenburg vor Gericht zu verantworten, weil er öffentliches Ärgernis erregt und heilige Gefühle verletzt habe. Im April 1871 sprach ihn das Offenburger Kreisgericht frei. »Das kleine Scheusal«, wie Busch seine Moritat in einer Widmung charakterisiert hat, durfte nun überall verkauft werden. Ein paar Wochen später fuhr ein um einige Sorgen erleichterter Autor von Frankfurt nach Wiedensahl, ein paar Monate danach signierte er das Titelblatt einer 150 Bilder enthaltenden Geschichte: »Wilhelm Busch inv. et fec. Wiedensahl Sept. 1871«.
Im Oktober erhielt der junge Heidelberger Verleger Otto Bassermann eine Karte, die ihn bat, in den Holländer Hof zu kommen. »Ich traf«, so berichtet er, »W. B. mit seinem Bruder Otto im Speisesaal, und ersterer sagte mir nach kurzer Begrüßung: ›Lasse Dir doch eine Tasse Kaffee hinauf in mein Zimmer bringen. Dort findest Du zwei Sachen von mir, die Du in Deinem Verlag haben kannst, wenn Du sie willst.‹ – Droben fand ich ›Die fromme Helene‹ und die ›Bilder zur Jobsiade‹, die ich geradezu verschlang.« – »Wenn Du sie willst« – ja, der junge Verleger wollte wohl, waren ihm doch die großen Erfolge des Verlags von B.s Schöpfungen bekannt genug, um zu erkennen, daß ihn das Schicksal hier an einen geschäftlichen Wendepunkt geführt hatte. – »Die Jobsiade machte mir nicht bang, aber die Helene. Was würde zu ihr die Polizei, was würden die anderen Autoren des Verlags, die würdigen Professoren der Philosophie, Theologie, Technologie usw. zu solchem neuen Kollegen im Verlag sagen? – Zu zögern war nicht. Ich verließ also das Zimmer, in dem ich allein mit Aufregung und Zweifeln gesessen, und erklärte unten B. mit möglichster Gelassenheit, daß ich bereit sei, die Sache zu nehmen.« Der noch am gleichen Tage aufgesetzte und unterschriebene Verlagsvertrag blieb mit Abwandlungen bis 1896 gültig. Das Bündnis Busch-Bassermann überlebte alle Fährnisse und hielt, bis der ältere der beiden Freunde aus den Jung-Münchener Jahren in Mechtshausen für immer seine Augen schloß.
»Die fromme Helene« leitete eine Erfolgsserie ohnegleichen ein. Jedem neuen Busch-Titel waren schon kurz nach Erscheinen Neuauflagen sicher. Als nach dem Schlußstein »Maler Klecksel« die dreizehn Bildergeschichten für Erwachsene unter dem Titel »Humoristischer Hausschatz« erschienen, da strafte neuer Erfolg die Bedenken eines auf seine Weise stets weltfremden Autors Lügen. Der Inhalt des späterhin oft nachgeahmten Albums bildet den Grundstock der vorliegenden Sammlung, die lediglich um »Max und Moritz« und »Hans Huckebein« erweitert ist. Die chronologische Reihenfolge dieser Arbeiten spiegelt eine interessante Entwicklung:

1865 – Max und Moritz: In Beiträgen zu den »Fliegenden Blättern« und in einem guten Dutzend »Münchener Bilderbogen« hatte sich Busch darauf beschränkt, kurze Handlungsabläufe in Bild und Wort zu schildern. Nun versucht er sich zum erstenmal an einer größeren Folge, indem er sieben Beispiele kindlichen Zerstörungstriebs aneinanderreiht – bis das Maß voll ist. Dem berufenen Erzieher spielen die Bösewichter am übelsten mit. Auch Biederleute und Handwerker lassen sich »hudeln«. Nur der brave Bauer wird mit Max und Moritz fertig. – Kindertümlich, ohne bemerkenswerte Psychologie und gänzlich ohne Routine abgemalt und aufgeschrieben: typischer Erstling mit allen Nachteilen und Vorzügen und wahrscheinlich gerade deshalb so erfolgreich, weil so wenig vollkommen.

1867 – Hans Huckebein, der Unglücksrabe: Wiederum Dokumentation des unverfälschten Lebenswillens. »Wer das zeichnen will, besonders mit wenig Strichen, was schnell geschieht und mit ursprünglicher Begierde, der wird, wenn er nicht Schlachtenmaler ist, meist Bauern und Tiere in Aktion bringen müssen. Die gebildeten, wohldressierten Leute lassen sich nichts merken« (an Paul Lindau, 1878). – In jeweils zwölf Bildern werden vier Episoden abgehandelt. Busch dachte an die Möglichkeit der Fortsetzung, hier in der Zeitschrift »Über Land und Meer«. – Im psychologischen Ausdruck, besonders bei dem Raben, welch ein Fortschritt gegenüber dem Vorgänger! Der Zeichner entwickelt sich von der noch naiven Max-und-Moritz-Aussage hinweg zum Realisten. Huckebein ist aber erst der Anfang dazu.

1872 – Die fromme Helene: Fünf vielfältig anregende und schöpferische, von Studien und Experimenten ausgefüllte Jahre sind vergangen. Busch ist fast schon ein berühmter Mann. Die Erfahrungen mit dem Antonius haben ihn geprägt. Die politischen Ereignisse – Deutsch-Französischer Krieg und Kulturkampf Bismarcks mit der katholischen Kirche um den Führungsanspruch im Staat – nötigen ihn, Stellung zu nehmen. Jetzt wagt er einen ganzen Lebenslauf »in abstracto« zu entwerfen: Entwicklungsroman, formelhaft kurz in Bildern, nicht mehr einfache Addition von Episoden, sondern gründliche Verzahnung. Helene ist nächst Max und Moritz Buschs berühmtestes Werk. Der Zeichner hat seinen Stil gefunden.

1872 – Bilder zur Jobsiade: Ursprünglich Illustrationsauftrag für eine Klassikerausgabe der »Jobsiade« von Karl Arnold Kortum (1784). 1870, im Frankfurter Atelier, entstanden die Zeichnungen. 1872 schrieb Busch in Wiedensahl eigene Verse dazu, weil sich der Besteller anders besonnen hatte. Wahrscheinlich hat der umständliche Text der alten Jobsiade Busch ermutigt, es auf seine Weise mit ganzen Lebensläufen aufzunehmen. So profitierte die »Helene« vom »Jobs«, später profitierte der gedruckte »Jobs« von der Sympathie, die der Helene allenthalben entgegenschlug.

1972 – Pater Filucius: »Allegorisches Zeitbild«, »familiärer Niederschlag aus der allgemeinen Geschichte der Jesuiten«, »... spricht einfach die neuesten Wünsche des Staates aus, die allerdings mit den Wünschen der Kirche nicht ganz übereinstimmen können.« Verleger und Autor haben damals viele Briefe gewechselt. Busch empfand das Tendenzstückerl bald als lästig. Es entstand im August und erschien im November; ging gut und wurde viel mißverstanden. Deshalb lieferte der Verlag von der zweiten Auflage an den auf Seite 134 abgedruckten Schlüssel mit.

1873 – Der Geburtstag oder die Particularisten: Den Filuci hatte Bassermann angeregt; am Ende mußte der Verfasser Zugeständnisse machen. Den Geburtstag regte der Niedersachse Busch an; nun war es am Verleger, einiges in Kauf zu nehmen. Wiederum lieferte die Tagespolitik das Motiv. Es entfaltete sich nach dem von Busch gegen Bassermann vertretenen Grundsatz: »Vor allen Dingen lustig und dann nicht viel mehr! ...« Dabei ging es um die den Niedersachsen nachgerühmte Treue zum Landesvater, dem das Deutsche Reich die Souveränität genommen hatte. Daraus erwuchs der von Busch stets gesuchte allgemeine Gesichtspunkt: Der Mensch zumeist ein wandelnder Anachronismus – die Landbevölkerung zumal. Und immer wird eine Mutter Köhm zur Stelle sein, um zu profitieren, wo friedliche oder kriegerische, erfolgreiche oder erfolglose, gewiß aber mit Ressentiments gründlich aufgeladene Gemeindepolitik gemacht wird. Und die übrigen Mitglieder der Tafelrunde profitieren auch.

»Ja, selig ist der fromme Christ,
Wenn er nur gut bei Kasse ist« –

diese großartige Formel bildet in der Handschrift den Beschluß. Hier meldete sogar der liberale Bassermann Bedenken an. Schade! Denn Busch meint mit seiner bissigen Sentenz gewiß nicht die Christen, die ein Recht hätten, sich so zu nennen.

1874 – Dideldum!: Vereint Altes und Neues, Heiteres und Ernstes, Spezielles und Allgemeines, Zeitgebundenes und Zeitloses, Bildergeschichten, bebilderte Verse und reinen Text, herumgruppiert um eine »Kirmes«, eine Art Erntefest also mit allem, was dazugehört. Busch arbeitet auf und streckt zugleich tastend seine Fühler aus. Die Deutschen sollen sehen, daß er zeichnen *und auch* schreiben kann; daß sich hinter dem weinseligen »Dideldum!« der tiefe Ernst verbirgt: »Sag, wie wär es ...« Nur wenige haben das damals gesehen, viele stimmten in den Chorus ein, der am Ende des gleichen Jahres den Verfasser der Kritik des Herzens verdammte. »In kleinen Variationen über ein bedeutendes Thema«, so schrieb Busch in ein Handexemplar der »Kritik«, »soll dieses Büchlein ein Zeugnis meines und unseres bösen Herzens ablegen. Recht unbehaglich! muß ich sagen. Also schweigen wir darüber, oder nehmen wir die Miene der Verachtung an und sagen, es sei nicht der Mühe wert, oder werfen wir uns in die Brust und erheben wir uns in sittlicher Entrüstung! oder sagen wir kurzweg: es ist nicht wahr! Wer das letztere vorzieht und das Büchlein für falsch hält, der trete vor und lasse sich etwas genauer betrachten. – Was aber die sogenannte sittliche Entrüstung anbelangt, so muß sie wohl keine rechte Tugend sein, weil wir so eifrig dahinter her sind. – Schwieriger und heilsamer scheint mir das offene Geständnis, daß wir nicht viel taugen ›von Jugend auf‹.«

1875 – Abenteuer eines Junggesellen: Das von der Erkenntnis seiner Vergänglichkeit gepeinigte und den Qualen des Spießerdaseins ausgelieferte kugelrunde Wesen erfand ein inzwischen gründlich zum Skeptiker gewordener Junggeselle, der seinen Schopenhauer aufmerksam gelesen hatte. Zwei Ziegenböcke ziehen den von Amor gelenkten Kampfwagen, der den an den Füßen gefesselten Knopp hinter sich herschleift: großartiges Gleichnis für den mächtigen Beweger und Erreger, den Schopenhauer den Willen nannte. Tausend Hindernissen zum Trotz treibt er einen seiner freien Entschlüsse beraubten Freiersmann in die liebevoll ausgebreiteten Arme der Dorothea Lickefett: der »Gottesgabe«, die ein Faible für beleibte Herren hat. Amor zieht den Vorhang zu.

1876 – Herr und Frau Knopp: Sie hat ihn und thront – siehe Titelvignette Seite 213 – gemeinsam mit Amor auf dem Wagen, den nun an Stelle der Böcke ein mit Scheuklappen und sicher verknebelten Rockschößen versehener Knopp ziehen muß. Der Anhänger läßt erkennen, wie es weitergehen wird. Nicht immer ist ergötzlich, was sich da zuträgt, weder in noch außerhalb der Mausefalle. Er sitzt gehörig drin, sie regiert, zuerst vermittels ihrer Reize, dann vermittels ihrer Rechte, dann vermittels ihrer organischen Bestimmung. Frau Wehmut zieht den Vorhang zu.

1877 – Julchen: Knopp ist nur noch zahlende Begleitperson, Amor hat den Bogen niedergelegt und spielt Kindermädchen. Unheimlich rast die Zeit: Baby, Kleinkind, Schulkind und, einszweidrei, eine heiratsfähige Mamsell, Verwicklungen, Happy-End und »Ratsch, man zieht den Vorhang zu« – diesmal der Knochenmann mit Stundenglas und Hippe.

Der Zeichner der KNOPP-TRILOGIE schreibt schonungslos und in geraffter Form das Leben ab. Er notiert, und die Noten werden immer einfacher, sparsamer, gehaltvoller. Das ist Zeichenkunst ohne Beispiel – und mit eisernem Fleiß erarbeitet. Busch übte so lange, bis er ein Bild mühelos herunterschreiben konnte. Aber dieser Künstler spielte den Naiven, und seine Verse klangen naiv – was Wunder, daß man ihn allerorten auch für »gar so naiv« hielt! Selbst in Frankfurt, wo eine geliebte Gönnerin noch immer auf die Stunde für den großen Maler hoffte – vergebens, denn viele tausend Leser und der Herr Verleger riefen ihre Lustige Person stets von neuem in die Manege. Zwischen Frankfurt und Wiedensahl kam es zu einer Entfremdung, die sich unter anderem auf den uneingelösten Solawechsel des Malers Busch gründete.

1878 – DIE HAARBEUTEL: Philosophische Vorrede nebst acht Variationen zum Thema Sorgenbrecher und Teufel Alkohol. Die Redensart »sich einen Haarbeutel trinken« führt eine alte Enzyklopädie auf einen Major zurück, »der den Trunk liebte und alsdann gemeiniglich in einem Haarbeutel, anstatt des Zopfes, vor dem commandirenden General erschien« (1780). – Wer sich das hintersinnige Wort von dem Vergnügen an Sachen, welche wir nicht kriegen, nicht recht zu erklären vermag, der denke an eine zugeschlagene Tür in Frankfurt. Wem die expressiven Wirbel, Verdrehungen, Verdoppelungen, Vereisungen der Bilderschrift nicht über den jeweiligen Schock hinweghelfen, der bedenke die Verzweiflung eines Künstlers, der um sich schlägt, weil er weder sich selbst noch die Zeit noch die Gelegenheit zu schöpferischem Tun verdoppeln kann.

1879 – FIPPS DER AFFE: Auch da wehrt sich ein Künstler seiner Haut, der sich geliebt und zugleich verkannt sieht. Mit dem Abstammungstheoretiker Darwin erklärt er sich solidarisch. Dessen Lehre machte damals den auf Menschenwürde erpichten Zweckmäßigkeitsaposteln vom Schlage des Professor Klöhn viel zu schaffen. Klug denkende Doktoren à la Fink legten sie sich für den Hausgebrauch zurecht. Auf seiner derzeitigen Entwicklungsstufe – ... grad so zu sein, wie er eben ist – demonstriert Fipps in klassischer Weise den Kampf ums Dasein und, zeitgemäß, den Willen zur Macht und die Lust am Untergang: der letzte Busch-Held übrigens, den wir sterben sehen. Nun war nur noch eine allerdings nicht unwichtige Nebenfigur umzubringen. Aber das begab sich drei Jahre später. Dazwischen liegt eine schöpferische Flaute.

1882 – PLISCH UND PLUM: Der fünzigjährige Busch hat die Krise überwunden. 1880 hatten weder die von Bassermann in Zweitauflage vorgelegten BILDERPOSSEN noch die so schön bunt gedruckten SECHS GESCHICHTEN FÜR NEFFEN UND NICHTEN viel Erfolg gebracht. Einem dritten Kinderbuch DER FUCHS. DIE DRACHEN – ZWEI LUSTIGE SACHEN (1881) erging es nicht viel besser. Manch anderer wäre mit den Absatzziffern zufrieden, doch Busch und Bassermann sind verwöhnt. Erst ein neuer Titel, der sich Kindern wie Erwachsenen gleichermaßen empfiehlt, schlägt wieder ein: Drei Paare – Hunde, Kinder, Eltern –, nach Regeln der klassischen Dramaturgie parallelgeschaltet, auf eine böse graue Eminenz im Hintergrunde ausgerichtet – »... hehe, aber nicht für mich!« – und jeweils durch ein Motiv von außen her in Bewegung gesetzt: altes Muster, aber neue Sicht. Die Hunde und ihre kindlichen Gefährten lassen sich dressieren, der »Wille« kriecht zu Kreuze, doch zwei züchtig niedergeschlagene Knabenaugenpaare verraten, daß lediglich Burgfriede herrscht. Nur das neidbedingte Ende des bösen Kaspar Schlich läßt sich nicht widerrufen.

1883 – BALDUIN BÄHLAMM, DER VERHINDERTE DICHTER: In dieser vorletzten seiner großen Bildergeschichten war Busch noch einmal ganz der alte, unerbittlich im »Abmalen« und »Aufschreiben« bitterböser Gegensätze zwischen Mensch und Mensch: hoffnungslos musisch und stocknüchtern, feinfühlig und brutal, arglos und hinterhältig – dies und noch vieles andere hat der Autor peinvoll auch an sich selbst erfahren. Alles Weitere ist strenge Auswahl aus einem großen Vorrat an Beobachtetem, den sich Busch in mehr als dreißig Jahren des Pendelns zwischen Land und Stadt geschaffen hat. So kann der geniale Zeichner, zum letzten Mal, ganz aus dem vollen schöpfen. Der Dichter Busch aber ist in jeder Hinsicht zuständig für das großangelegte Wolkenkuckucksheim der Vorrede, aus dem er seinen Helden erbarmungslos herunterholen will auf die dürre Heide eines Berufs- und Familienalltags. Der Schlußsatz von der immer kleinen Schwierigkeit gilt allenthalben ohne Ausnahme, im besonderen jedoch für den Maler Busch: »... man muß nur nicht verhindert sein.«

1884 – Maler Klecksel: Der goldene Topf der Phantasie, und sei er noch so geräumig, ist nicht unerschöpflich. Die letzte große Bildergeschichte weist es aus. Wo Bilder fehlen, müssen gutgedrechselte Verse in die Bresche springen; wo es an Handlung gebricht, muß eine Moritat als Füller herhalten. Wo aber eine seit langem fällige Rechnung beglichen werden soll, da ist der Spaß am Spaß schnell wiederum zur Stelle – im Duell mit dem Doktor Hinterstich etwa. Wir wollen uns dennoch hüten, den »Klecksel« schlicht als autobiographisches Bekenntnis zu nehmen. Dann wäre in den fünfzehn Stationen, bei denen wir verweilten, vieles Bruchstück einer großen Konfession. Das Schlußwort des Dankes an die vielgeschmähte Zeit sollte uns genügen:

Und, was das Beste, sie vereinigt
Selbst Leute, die sich einst gepeinigt.

Am 10. Oktober und am 2. Dezember 1886 brachte die »Frankfurter Zeitung« zwei Feuilletons, überschrieben Was mich betrifft. Wilhelm Busch stellte darin, die Gelegenheit zu einer kurzen Selbstbiographie nützend, einige Fehler richtig, die der noch immer kulturkämpferisch gestimmte Düsseldorfer Maler Eduard Daelen, ein glühender Verehrer Bismarcks, »Über Wilhelm Busch und seine Bedeutung« in einer »Lustigen Streitschrift« von sich gegeben hatte. Aus dem ersten Teil des Feuilletons habe ich bereits mehrfach zitiert, doch das eigentliche Bekenntnis ist im zweiten Teil enthalten. Er greift tiefer ins »liebe, trauliche, teilweise grauliche, aber durchaus putzwunderliche Polterkämmerchen der Erinnerung, voll scheinbar welken, abgelebten Zeugs; das dennoch weiter wirkt, drückt, zwickt, erfreut; oft ganz, wie's ihm beliebt, nicht uns; das sitzen bleibt, obwohl nicht eingeladen; das sich empfiehlt, wenn wir es halten möchten«. Man sieht, hier läßt sich ein Künstler aus, der zwar aufgehört hat, in großem Stil mit dem Zeichenstift zu fabulieren, aber die Reiselust nach den Grenzen des Unfaßbaren ist ihm geblieben:

»Vielleicht ist's grade Winter. Leise wimmeln die Flocken vor deinem Fenster nieder. Ein weißes Türchen tut sich auf. Sieh nur, wie deutlich alles dasteht; wie in einem hellerleuchteten Puppenstübchen. – Der Lichterbaum, die Rosinengirlanden, die schaumvergoldeten Äpfel und Nüsse, die braungebackenen Lendenkerle; glückliche Eltern, selige Kinder. – Freundlich betrachtest du das Bübchen dort, denn das warst du, und wehmütig zugleich, daß nichts Besseres und Gescheiteres aus ihm geworden, als was du bist.

Mach wieder zu. – Öffne dies rote Türchen. – Ein blühendes Frauenbild. Ernst, innig schaut's dich an; als ob's noch wäre, und ist doch nichts wie ein Phantom von dem, was längst gewesen.

Laß sein. – Paß auf das schwarze Türchen. – Da rumort's hinter. – Halt zu! – Ja, schon recht; solange wie's geht. – Du kriegst, wer weiß woher, einen Stoß auf Herz, Leber, Magen oder Geldbeutel. Du läßt den Drücker los. Es kommt die stille, einsame, dunkle Nacht. Da geht's um in der Gehirnkapsel und spukt durch alle Gebeine, und du wirfst dich von dem heißen Zipfel deines Kopfkissens auf den kalten und her

und hin, bis dir der Lärm des aufdämmernden Morgens wie ein musikalischer Genuß erscheint. Nicht du, mein süßer Backfisch! Du liegst da in deinem weißen Häubchen und weißen Hemdchen, du faltest deine schlanken Finger, schließest die blauen harmlos-träumerischen Augen und schlummerst seelenfriedlich deiner Morgenmilch mit Brötchen entgegen und selbst deiner Klavierstunde, denn du hast fleißig geübt.
Aber ich, Madam! und Sie, Madam; und der Herr Gemahl, der abends noch Hummer ißt, man mag sagen, was man will. – Doch nur nicht ängstlich. Die bösen Menschen brauchen nicht gleich alles zu wissen. Zum Beispiel ich, ich werde mich wohl hüten; ich lasse hier nur ein paar kümmerliche Gestalten heraus, die sich so gelegentlich in meinem Gehirn eingenistet haben . . .«
Und nun fabuliert er: von der schwankenden Silhouette eines betagten Knickebeins, das er in München zu nächtlicher Stunde aus einem Graben gezogen; von einem unglücklichen Mädchen, das ihr Liebster zu Boden geschlagen und dreimal hörbar auf die Brust getreten hat: »Und was für einen sonderbaren Ton das gibt, so ein Fußtritt auf ein weibliches Herz. Hohl, nicht hell. Nicht Trommel, nicht Pauke. Mehr lederner Handkoffer; voll Lieb und Treu vielleicht.« Er erzählt vom Dörflein seiner Kindheit und von der guten alten Zeit, »wo man den kranken Handwerksburschen über die Dorfgrenze schiebt und sanft in den Chausseegraben legt, damit er ungeniert sterben kann«; vom Puckelriekchen, das so emsig spann und doch nicht genug zusammenbrachte, daß es zu einem ehrlichen Begräbnis langte, »mit heilen Gliedmaßen, im schwarzlackierten Sarge, auf dem heimatlichen Kirchhofe«; von zungenfertigen Betteljungen und dem Bettelvogt, der es schließlich doch noch schaffte, auf den alten Kirchhof zu kommen, da kann er »ruhig weiter liegen, ohne von später kommenden Schlafgästen gestört zu werden«.
Wozu dies alles? Will der Verfasser dieser in ihrer Art unerhörten Prosa schockieren um jeden Preis? Nein, er spricht hier nur ganz in eigener Sache:
»Ja, mein guter, wohlsituierter und lebendiger Leser! So muß man überall bemerken, daß es Verdrießlichkeiten gibt in dieser Welt und daß überall gestorben wird. Du aber sei froh. Du stehst noch da, wie selbstverständlich, auf deiner angestammten Erde. Und wenn du dann dahinwandelst, umbraust von den ahnungsvollen Stürmen des Frühlings, und deine Seele schwillt mutig auf, als solltest du ewig leben; wenn dich der wonnige Sommer umblüht und die liebevollen Vöglein in allen Zweigen singen; wenn deine Hand im goldenen Herbst die wallenden Ähren streift; wenn zur hellglänzenden Winterzeit dein Fuß über blitzende Diamanten knistert – hoch über dir die segensreiche Sonne oder der unendliche Nachthimmel voll winkender Sterne – und doch, durch all die Herrlichkeit hindurch, allgegenwärtig, ein feiner, peinlicher Duft, ein leiser, zitternder Ton – und wenn du dann nicht so was wie ein heiliger Franziskus bist –, sondern wenn du wohlgemut nach Hause gehst zum gutgekochten Abendschmaus und zwinkerst deiner reizenden Nachbarin zu und kannst schäkern und lustig sein, als ob sonst nichts los wäre, dann darf man dich wohl einen recht natürlichen und unbefangenen Humoristen nennen. Fast wir alle sind welche. – Auch du, mein kleines, drolliges Hänschen, mit deinem Mumps, deiner geschwollenen Backe, wie du mich anlächelst durch Tränen aus deinem dicken, blanken, schiefen Gesicht heraus, auch du bist einer; und wirst du vielleicht später mal gar ein Spaßvogel von Metier, der sich berufen fühlt, unsere ohnehin schon große Heiterkeit noch künstlich zu vermehren, so komme nur zu uns, guter Hans, wir werden dir gern unsere alten Anekdoten erzählen, denn du bist es wert.«
Er mühte sich dennoch vergebens, die Vorurteile über die Lustige Person zurechtzurücken, die ihm seit mehr als zwanzig Jahren auf dem Fuße folgten. Auch zwei Prosaschriften schufen keinen Wandel: Eduards Traum (1891), Rechenschaftsbericht über Werden und Wachsen seiner Weltanschauung, und,

vier Jahre später, Der Schmetterling, Rechenschaftsbericht über sein Schicksal: Peter, den der Schmetterling, das ewig unerreichbare Glücksidol, in die Welt hineingelockt hat, kehrt geschunden und heruntergekommen auf den heimatlichen Hof zurück. Dort weist man ihm das Giebelstübchen an, weil man den Flickschneider als geduldiges, nützliches Haustier nicht missen möchte . . .
Im Herbst 1898 gab Wilhelm Busch seinen langjährigen Wohnsitz Wiedensahl auf und zog nach Mechtshausen bei Seesen am Harz – ins Pfarrhaus zu seinem Neffen Otto Nöldeke. Er hat dort neun recht glückliche Jahre verbracht. Am 9. Januar ist er gestorben.
In Mechtshausen entstanden viele Gedichte der Sammlung Zu guter Letzt, die 1904, genau dreißig Jahre nach der »Kritik des Herzens«, bei Bassermann erschien. Was darin nicht unterkommen konnte, bildete zusammen mit Versen, die noch entstanden, den Inhalt des Nachlasses Schein und Sein (1909). Eine bereits im Todesjahr erschienene Sammlung kleiner Bilderfolgen und einzelner Bilder mit und ohne Text hatte Busch 1905 zusammengestellt und versiegelt und mit der im Titel enthaltenen Bestimmung Hernach seiner Schwester übergeben. Von dem Maler und Zeichner Busch kündeten 1908 eine Gedächtnisausstellung und ein vom Verlag Hanfstaengl, München, herausgegebener »künstlerischer Nachlaß«. Heute befindet sich mehr als die Hälfte der Hinterlassenschaft an Zeichnungen, Handschriften, Entwürfen, Druckvorlagen und Briefen in einem Schlößchen im Georgengarten zu Hannover. Dieses Wilhelm-Busch-Museum beherbergt auch ein gutes Drittel dessen, was der überkritische Maler Busch nicht schon zu Lebzeiten dem Feuer überantwortet hat. Die hier wiedergegebenen Proben möchten, so wie diese Einführung, Tiefen – ja, vielleicht sogar Abgründe – wenigstens andeuten. Ohne sie gäbe es nicht den so unverwechselbaren »Ausdruck relativer Behaglichkeit«, der den Inhalt des vorliegenden Bandes heute wie einst begehrenswert macht.

Friedrich Bohne